my little day

un super anniversaire

Dorothée Monestier
Gabriella Toscan du Plantier

Dessins
Iris de Moüy

CHÊNE

POUR COMMENCER...

Comment écrire un livre sur la fête d'anniversaire sans tomber dans les clichés du genre ? Le sujet semble évident, presque simple. Pourtant, la question est compliquée ! Il existe autant d'anniversaires qu'il existe d'enfants et de parents...

Nous sommes deux pros. Nous avons animé des anniversaires pour enfants pendant toutes nos études : nous avons vu des petits anges et des vrais monstres, des petites et des grandes fêtes, des supplices et des bonheurs... Nous avons appris à gérer d'une main de maître toutes les situations et, le temps d'un après-midi, connu toutes les palettes de sentiments !

Aujourd'hui, nous sommes deux mamans comme les autres qui, toujours une montre à la main, courent avec cette musique entêtante : « En retard, en retard... » Malgré notre savoir-faire, il nous arrive, la veille du jour J, de nous poser encore cette question primordiale : « Qu'est-ce que je vais faire ? »

À travers ce guide, nous avons eu envie de partager un peu de notre expérience afin que chaque parent retrouve le plaisir d'organiser et d'animer l'anniversaire de son enfant. Et parce que le sujet est difficile, nous avons opté pour un livre facile, pour un vrai guide, que nous vous invitons à adopter et à adapter à vos goûts et à vos désirs.

Dans cet ouvrage, nous avons choisi douze thèmes que les enfants affectionnent, des thèmes illustrés par des décorations faites de choses simples et de codes couleurs, par des ateliers et des recettes faciles et épatantes. Nous vous proposons également des jeux regroupés selon l'âge des enfants, entre 3 et 8 ans, qui ne réclament aucun matériel spécifique. Ces jeux, nous les connaissons bien pour les avoir pratiqués il y a une bonne trentaine d'années... Enfin, nous vous livrons nos adresses et nos coups de cœur !

Tout cela réuni vous permettra, nous l'espérons, de fabriquer de beaux souvenirs à vos enfants.

SOMMAIRE

HAPPY
BIRTHDAY

À LIRE ABSOLUMENT!

COMPTE À REBOURS POUR FAIRE UN SUPER ANNIVERSAIRE…

1 MOIS AVANT

- **Arrêtez une date.** Vous avez le choix entre un mercredi, un samedi ou un dimanche ! C'est selon. Selon votre emploi du temps, les cours de sport des uns et des autres, vos envies… Selon les vacances, les jours fériés, les week-ends, les anniversaires déjà bookés, vos dîners… Ne prévoyez pas un dîner la veille ou le soir-même. C'est un week-end entièrement consacré à la fête. Au mieux, laissez déraper le champagne à la fin de l'anniversaire…
- **Demandez à quelqu'un de vous aider :** sœur, mari, marraine, parrain, baby-sitter, ami…
- **Déterminez le nombre d'enfants** que vous vous sentez prêt à gérer. Pour les anniversaires des enfants de 3 ans : peu d'invités (6 est le nombre idéal) et 2 heures de fête au maximum. Pour les anniversaires des enfants de 4 ans : un peu plus d'invités (entre 6 et 8) et 2 h 30 de fête au maximum. Pour les anniversaires des enfants de 5 à 8 ans : amusez-vous ! Au moins 3 heures de fête et autant d'invités que vous pourrez en supporter (8-10 est un nombre raisonnable) ! N'en parlez à votre enfant que lorsque ce chiffre est arrêté et demandez-lui de faire une liste des copains qu'il veut inviter.
- **Si vous ne souhaitez pas faire le gâteau vous-même,** c'est maintenant qu'il faut le commander !

3 1/2 SEMAINES AVANT

- **Définissez un thème avec votre enfant** en tenant compte de ses passions, ou montrez-lui ce livre ! Lisez attentivement la page 11 (« Décliner un thème… »).
- **Commandez ou préparez les cartons.** S'ils collent au thème défini, c'est mieux, ça crée une ambiance !

3 SEMAINES AVANT

- **Remplissez les cartons** en étant le plus exhaustif possible. Pensez à indiquer vos nom, prénom, téléphone et mail pour le RSVP. Inscrivez votre adresse, code, interphone, étage… ET, n'oubliez pas d'inscrire le prénom de votre enfant, la date et l'horaire de l'anniversaire ! En fonction de son âge, demandez à votre enfant d'écrire les prénoms des invités sur les enveloppes, de les décorer avec des gommettes, des dessins… de le faire participer !
- **Commencez la distribution des cartons.** Attention, certaines maîtresses refusent de les distribuer, c'est donc plus ou moins fastidieux !

2 1/2 SEMAINES AVANT

- En fonction du thème choisi, commencez à faire des recherches sur le net, et imaginez la fête ! Vous devez penser à :
- **une déco,**
- **un goûter,**
- **des jeux et/ou des ateliers,**
- **des pochettes** remplies de friandises ou de petits cadeaux à offrir aux invités (c'est devenu un rituel !).

Laissez-vous porter par les mots et les couleurs que suggère le thème choisi.

2 SEMAINES AVANT

- **Listez les choses dont vous allez avoir besoin** pour chaque étape de l'anniversaire. N'oubliez pas les bougies : pas de gâteau d'anniversaire sans bougies. N'oubliez pas les ballons : pas de fête d'anniversaire sans ballons.
- **Si vous voulez commander des accessoires en ligne**, c'est maintenant qu'il faut le faire !

1 SEMAINE AVANT

• **Faites une playlist** (avec une dizaine de chansons) qui plaira à votre enfant et à vous, car c'est vous qui allez motiver tout ce petit monde. Ou allez sur www.mylittleday.fr : un lien vers une liste Deezer pourrait vous rendre service.

• **Assurez-vous que vous avez reçu ce que vous avez commandé**, complétez si nécessaire.

• **Préparez les Do It Yourself** (« À faire soi-même ») pour fabriquer un accessoire, une déco, les déguisements…

• **Préparez les ateliers** à réaliser avec les enfants pendant la fête.

• **Faites-vous une antisèche (très exhaustive) sur le déroulé des jeux** afin de toujours savoir ce que vous allez faire après. Marquez la page dans ce guide que vous laisserez à portée de main ! Pour maintenir les enfants éveillés ET sous contrôle, alternez jeu calme et jeu excité. Et répétez !

1 JOUR AVANT

• **Parlez à votre enfant de ce que vous avez prévu de faire**, comment vous envisagez cet après-midi, mettez-le dans la confidence. Impliquez-le !

• **Faites votre gâteau.** Aidez-vous de ce livre pour le faire coller au thème. La recette importe peu. Et comme les enfants peuvent se montrer difficiles, les idées les plus simples raviront le plus grand nombre !

• **Si vous prévoyez une autre recette**, c'est le moment de la faire !

• **Installez la décoration.** Elle donne le ton : alors faites-vous plaisir ! Dressez une table ou un buffet en adoptant les couleurs et les codes du thème, soit par petites touches – avec quelques figurines – soit en total look. Du rouge, du bleu et des étoiles pour un super héros, du rose et de l'or pour une princesse…
Si vous n'avez pas assez de chaises ou une table pas assez grande, n'hésitez pas à dresser la table par terre, comme pour un pique-nique.

• **Lâchez-vous sur la déco !** N'hésitez pas à accrocher guirlandes, boules et ballons au centre de la pièce ou tout autour, un peu, beaucoup ou passionnément.

Quelques idées pour les accrocher : une grosse grappe pendue la tête en bas, à la façon d'un lustre ; des petites grappes de six ballons noués serrés pour former une fleur et ponctuer les murs ; des ballons accrochés les uns après les autres à 1 m d'intervalle, la tête en bas, pour faire le tour de la pièce ; des ballons scotchés au mur, comme une installation d'art contemporain.

- **Préparez les pochettes destinées aux invités.** Notez les prénoms des enfants sur les pochettes et prévoyez une pochette en plus, c'est plus sûr.

LE JOUR J

- **Si vous avez prévu une recette à base de fruits,** c'est le moment de la faire.
- **Dressez la table avec votre enfant.** Il sera ravi de se sentir impliqué. C'est son anniversaire !
- **Rangez la chambre de votre enfant** et enlevez les jouets précieux. En général, il vaut mieux interdire l'accès à la chambre de votre enfant, sauf si vous avez très peu d'invités (moins de 3) ou à la toute fin du goûter et s'il en reste très peu.
- **Réservez un espace pour la fête :** le salon, la salle à manger, la chambre, le jardin… Déplacez les meubles, configurez l'espace de manière à pouvoir faire la fête !
- **Rangez les objets fragiles ou dangereux.**
- **Chargez les batteries des appareils photo et du caméscope.**
- **Fermez les fenêtres,** même s'il fait très chaud. Ne les laissez ouvertes que si vous avez des protections sur ces dernières.

À L'HEURE DITE

- **Demandez aux parents leurs numéros de téléphone** et mails afin de pouvoir les contacter en cas de problème avant qu'ils vous laissent leurs enfants et leur envoyer des photos.
- **Demandez aux enfants de poser les cadeaux dans un coin,** que vous aurez au préalable défini, lorsqu'ils arrivent.

Prévenez votre enfant et les invités que les cadeaux seront ouverts à la toute fin de la fête : si elle se termine à 18 h, ouvrez les cadeaux à 17 h 45 voire 17 h 50. Si vous le faites avant, ça risque d'être la débandade…

- **Accueillez les invités en leur dessinant au khôl** une moustache pour les garçons et des faux cils pour les filles : c'est une bonne façon de les mettre dans l'ambiance de la fête !
- **Demandez aux enfants de se présenter** et de raconter leur vie en attendant que tous les copains arrivent : chacun donne son prénom, son âge, le nom de sa maîtresse, son jeu préféré, sa couleur préférée, son dessin animé préféré…
- **Quand tous les invités sont là, expliquez-leur que, cet après-midi, vous allez jouer tous ensemble à des jeux super** et que vous allez vraiment beaucoup vous amuser. C'est étonnant, mais si vous êtes enthousiaste (et crédible), la moitié du boulot est faite !
- **Enchaînez les jeux :** dès que vous sentez que vous perdez le contrôle sur les enfants ou qu'ils manifestent une pointe d'agacement, changez de jeu ! Ne les laissez jamais livrés à eux-mêmes.
- **À la mi-temps de l'anniversaire, lancez le goûter** (voir p. 90).
- **Si vous faites un atelier, prévoyez-le après le goûter :** ça donne aux enfants une respiration et ils sont contents de se concentrer sur une tâche individuelle. Pour vous, ça peut être un moment salvateur. Le plus dur est passé ! Courage, plus qu'une heure…
- **Offrez les pochettes qui sont destinées aux invités** quand ils sont sur le pas de la porte, manteau sur les épaules, chaussures au pied. Jamais avant !
- **La fête est finie,** mais pas question de tout ranger, il faut faire durer ce moment unique. On accroche les guirlandes dans la chambre, on laisse traîner les ballons…

PS : si vous ne respectez pas ce timing, vous êtes normal ! Reportez-vous à la p. 146.

PS-bis : si vous respectez ce planning, vous êtes normal et très bien organisé ! Reportez-vous à la p. 150.

DÉCLINER UN THÈME...

UNE HISTOIRE

• Les enfants aiment les histoires. Certaines plus que d'autres. Certaines histoires font peur, d'autres séduisent. Certaines sont obscures, d'autres colorées...
Dans chacune de ces histoires, il y a une lumière, une sonorité, quelque chose qui ramène au réel.
• Les douze thèmes de ce livre vont vous aider à dire les mots, à poser les couleurs qui feront vivre ces histoires et vous permettront de créer autant d'univers, où il est question de cow-boy, de dinosaure, de princesse ou de Petit Chaperon rouge.

EN PRATIQUE

Les idées sont simples et à la portée de tous. Pour chaque thème, nous vous proposons :
• une suggestion de mots et de couleurs pour l'ambiance, la déco...,
• un DIY, ou Do It Yourself (« À faire soi-même »), pour fabriquer un accessoire ou une déco,
• un atelier à réaliser avec les enfants pendant la fête,
• une recette facile et épatante.

ET AUSSI...

• Les Do It Yourself peuvent également être transformés en ateliers si les enfants ont plus de 6 ans.
• Avec un peu de travail et d'imagination, chaque Do It Yourself et chaque atelier peuvent tous être ajustés dans un autre thème ! À partir de chacun de ces objets, même les plus simples, il est possible de raconter une histoire...
• Il en est de même pour chaque recette : sucrées ou salées, les recettes racontent des histoires. Pour faire un gâteau de super héros, il suffit de choisir les couleurs du thème. Un quatre-quarts surmonté d'une figurine héroïque adoptera tout de suite une allure surnaturelle.

• Utilisez les mots pour introduire les jeux (voir p. 88)

LES THÈMES

UNE HISTOIRE
UNE DÉCO
UN DIY
UN ATELIER
UNE RECETTE

HISTOIRE DE PIRATES

Soyons francs : le pirate est un sale type, un « brigand des mers » comme disent les gens bien-pensants. Il lui manque souvent une main, une jambe ou encore un œil, car à force de faire le malin il se fait punir. Le pirate vient de très loin, il est le chef du pays imaginaire, ce pays rêvé, parsemé d'énigmes, de batailles, de conquêtes et de trésors.

POUR FAIRE UNE FÊTE PIRATE IL FAUT

IDÉES EN +

• **Faites un topo** aux enfants sur l'histoire des pirates (après une rapide recherche sur Wikipédia). Figurez-vous que les premiers pirates sont apparus dès l'Antiquité et que des pirates peuplent encore l'océan Indien…

• **Faites un quizz** en leur demandant la différence entre un pirate, un flibustier et un corsaire. Demandez-leur de vous citer des noms de pirates : Jack Sparrow, Barberousse, Calico Jack, Barbe-Noire, Capitaine Kidd, Barbe-Rouge, le Capitaine Crochet, Albator…

DO IT YOURSELF

LE CROCHET & LA VIGIE DU PIRATE

LE MATÉRIEL

Un gobelet, du papier aluminium, des ciseaux, une feuille A3, du scotch.

• Avec des petits enfants, il est préférable de préparer ces accessoires avant la fête et de les photographier avec. Si les enfants sont grands, ce Do It Yourself peut faire l'objet d'un atelier !

Le crochet de pirate

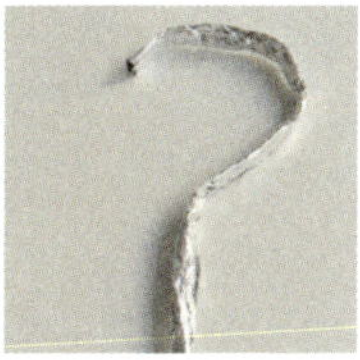

1 Roulez une feuille de papier aluminium, puis modelez-la en forme de crochet.

2 Coloriez le fond d'un gobelet de la couleur du gobelet, puis entaillez-le.

3 Insérez le crochet en laissant un morceau assez long dans le gobelet pour que l'enfant puisse le tenir.

La vigie du pirate

1 Enroulez une feuille de papier A3 préalablement (ou non) décorée par les enfants.

2 Maintenez le rouleau fermé à l'aide d'un élastique ou d'un morceau de scotch.

3 Aux extrémités, faites le tour du rouleau avec la moitié de la largeur du scotch. Puis rabattez le scotch à l'intérieur du rouleau. Remettez la vigie aux enfants : ils sauront en faire bon usage !

Pour d'autres idées : www.mylittleday.fr/superidees

L'ATELIER DU PIRATE

UN NAVIRE EN PAPIER

1 Entraînez-vous à réaliser le pliage d'un bateau en papier sur YouTube avec la recherche : « Bateau en papier ».

2 Lorsque le bateau est réalisé, demandez aux enfants de le décorer pour le transformer en navire ! N'hésitez pas à multiplier les accessoires : gommettes, feutres, paillettes, colle, chutes de tissu, ciseaux... Suggérez-leur d'ajouter un drapeau, un trésor, un mât, une tête de mort ou des pirates !

- Pour les enfants de moins de 5 ans : préparez les « navires » avant leur arrivée.
- Pour les enfants de plus de 5 ans : remettez-leur une feuille A4 et montrez-leur chaque étape.

LA RECETTE DU PIRATE

LE HOT « PIRATE » DOG

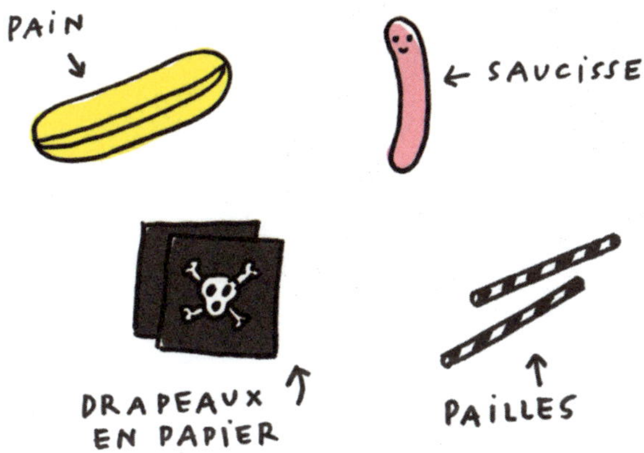

1 Faites chauffer le pain et la saucisse. Mettez la saucisse dans le pain.

2 Téléchargez un drapeau de pirate à imprimer (sur www.mylittleday.fr/superidees). Collez-le sur une paille. Plantez celle-ci sur la saucisse du hot-dog pour faire le navire du pirate !

SUPER HÉROS

HISTOIRE DE SUPER HÉROS

Du rouge, du bleu, des étoiles : des symboles et des couleurs pour des histoires de super héros ! Des personnages aux super pouvoirs, armés de justaucorps, capes, masques et manchettes magiques, prêts à sauver le monde, à combattre les méchants et à s'envoler vers les cieux.

POUR FAIRE UNE FÊTE SUPER HÉROS IL FAUT

DES RAYURES

DES ONOMATOPÉES

UN MASQUE

S DE SUPERMAN

UN TENUE SUPER MOULANTE

DES ÉTOILES

IDÉES EN +

- **Faites un topo** aux enfants sur le super héros : il s'agit d'un personnage fictif doté de super pouvoirs, à la double identité – le jour il est normal, la nuit il est super. Il porte toujours un super costume pour à la fois l'aider à dissimuler qui il est et se faire reconnaître !

- **Faites un quizz** en demandant aux enfants de vous lister des super pouvoirs : la force physique surhumaine, la rapidité extraordinaire, la très très longue vue… Faites-leur aussi mentionner des super héros : Superman, Batman, Iron Man, Les Indestructibles, Wonder Woman, L'Homme qui valait trois milliards, Fantômas…

- **Proposez à un enfant** de mimer un super héros et aux autres de deviner qui il est !

DO IT YOURSELF

LE MASQUE & LES MANCHETTES DU SUPER HÉROS

◆ Ce Do It Yourself peut se transformer en atelier si les enfants ont plus de 5 ans : ces accessoires peuvent aussi être utilisés pour des séances de photos de groupe (par exemple depuis votre ordinateur avec l'application Photobooth).

LE MATÉRIEL
Du papier cartonné, des ciseaux, un cutter, de l'élastique ou 2 rubans, du scotch, des gommettes étoiles, des feutres.

Le masque du super héros

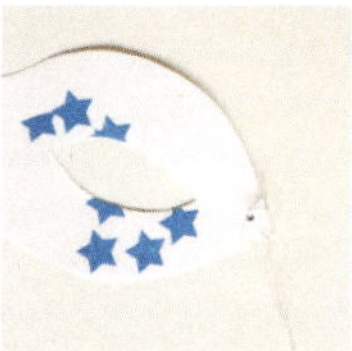

1 Téléchargez un patron de masque à imprimer (sur www.mylittleday.fr/superidees). Reportez-le et découpez-le dans le papier cartonné, le contour aux ciseaux, les yeux au cutter.

2 Faites 2 petits trous sur les côtés et nouez l'élastique ou les rubans de chaque côté.

Les manchettes du super héros

1 Coupez dans le papier cartonné 2 rectangles de 12 × 4 cm.

2 Mettez-les autour des poignets des enfants et fermez avec du scotch.

◆ **Décorez le masque et les manchettes de gommettes étoiles, dessinez des rayures ou des éclairs... Amusez-vous à rendre ces accessoires vraiment super !**

◆

Pour d'autres idées : www.mylittleday.fr/superidees

L'ATELIER DU SUPER HÉROS

UN DÉCOR DE NEW YORK

1 Téléchargez les immeubles à imprimer (sur www.mylittleday.fr/superidees) et donnez une frise d'immeubles à chaque enfant.

2 Mettez à leur disposition des crayons de couleur, des feutres et des ciseaux. Laissez-les colorier la frise, puis découpez les buildings.

3 Demandez-leur ensuite de scotcher les frises sur un mur pour recréer une ville.

• **Remettez des figurines aux enfants : ils n'ont plus qu'à les faire voler au-dessus de la ville ! Ou photographiez les enfants en tenue de super héros devant la ville !**

LA RECETTE DU SUPER HÉROS

LE CUPCAKE

1 Préchauffez le four à 200 °C.

2 Beurrez des moules à muffins.

3 Mélangez la farine, la levure, la cassonade et les amandes en poudre (vous pouvez les remplacer par des pépites de chocolat ou des fruits).

4 À part, fouettez le lait et les œufs. Ajoutez-les au mélange déjà obtenu.

5 Faites fondre le beurre dans une casserole à fond épais et ajoutez enfin le beurre fondu en mélangeant le tout.

6 Garnissez les moules aux ¾. Enfournez-les 20 min.

7 Laissez refroidir. Démoulez et recouvrez les gâteaux de chantilly, puis coiffez-les d'une sucette. Et voilà des cupcakes de super héros !

• **Le cupcake du super héros n'a du cupcake que l'allure et la forme : c'est en réalité un muffin recouvert de chantilly, avec une sucette en guise de topper (un petit drapeau à planter) !**

HISTOIRE DE COW-BOYS

Pas de cow-boys sans Indiens. Bien sûr, au départ, il y a les Indiens tout seuls, tranquilles, puis les cow-boys arrivent et là, inévitablement, c'est la bagarre. Il y a dans ces histoires tous les ingrédients pour satisfaire les petits garçons intrépides. En peaufinant, l'histoire peut aussi plaire aux filles !

POUR FAIRE UNE FÊTE COW-BOY IL FAUT

IDÉES EN +

- **Faites un topo** aux enfants sur l'origine du cow-boy : le cow-boy était un garçon de ferme s'occupant des bovins. Sa mission était de conduire les bêtes à travers les grandes plaines.

- **Proposez aux enfants** de se donner des surnoms à l'instar des petits Indiens qui portent tous un surnom qui évoque leur personnalité : « Ours courageux », « Carpe gourmande », etc.

- **Faites un quizz** en leur demandant de citer des tribus indiennes (les Sioux, les Cheyennes, les Iroquois, les Navajos…), ou les cow-boys les plus connus (Lucky Luke, Buffalo Bill, Billy the Kid, Calamity Jane…), et d'expliquer ce que sont un chaman, une squaw et un papoose.

DO IT YOURSELF

L'ÉTOILE & LE PISTOLET DU SHÉRIF

LE MATÉRIEL

Du carton, un bâton de colle, du papier aluminium, du scotch, une épingle à nourrice, 2 feuilles A4.

- Pour le pistolet, choisissez de préférence du papier A4 gris, qui sera assorti à l'étoile.

L'étoile du shérif

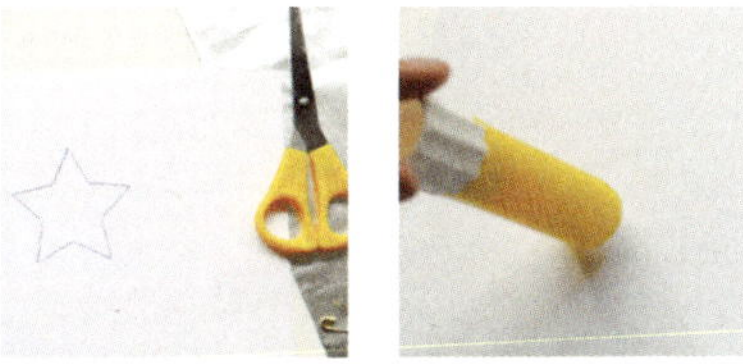

1 Téléchargez un gabarit d'étoile à imprimer (sur www.mylittleday.fr/superidees).

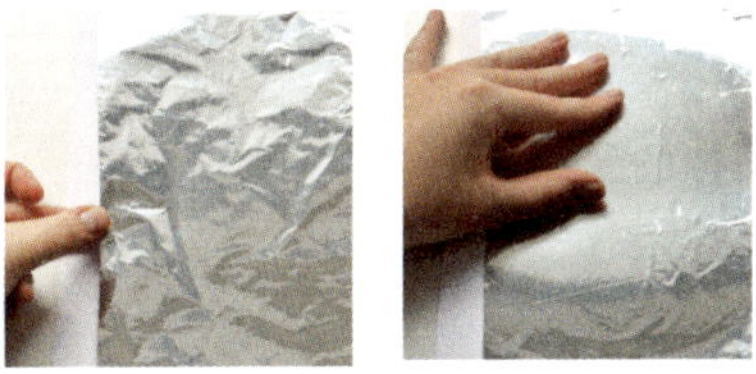

2 Collez le papier aluminium sur toute la surface du carton.

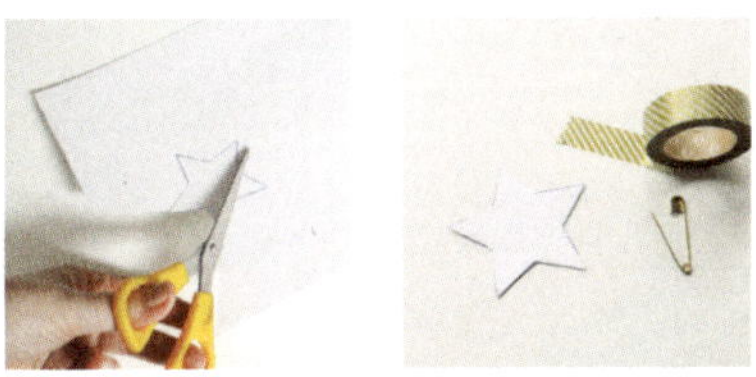

3 Dessinez l'étoile sur le carton en vous aidant du gabarit. Puis découpez-la.

4 Scotchez une épingle à nourrice au revers de cette étoile cartonnée. Vous avez une vraie étoile de shérif !

Le pistolet du shérif

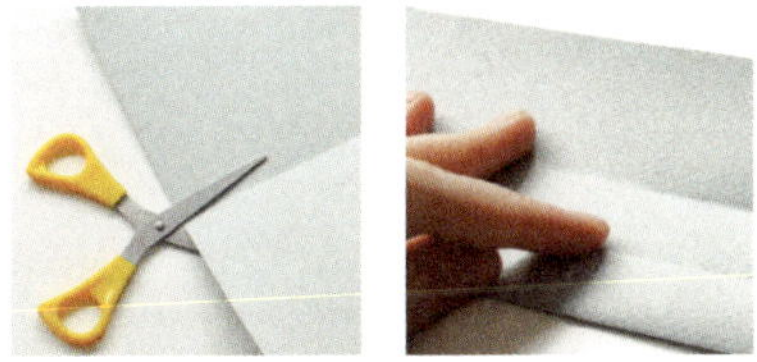

1 Pliez une feuille de papier A4 en 2. Coupez-la sur la pliure. Conservez les 2 morceaux.

2 Pliez le 1er morceau en le roulant à l'horizontale. Pliez-le encore en 2. C'est le canon.

3 Pliez l'autre feuille de papier en suivant la photo. Le pliage doit être symétrique. Il s'agit du manche du pistolet.

4 Faites coulisser le canon dans le manche. Voilà un pistolet de shérif !

L'ATELIER DU COW-BOY

L'AFFICHE WANTED

1 Téléchargez et imprimez des affiches WANTED (sur www.mylittleday.fr/superidees) sur des feuilles A4 et donnez-en une à chaque enfant.

2 Demandez-leur de faire leur autoportrait en utilisant des feutres, de la peinture, des tampons et des chutes de tissu pour se dessiner avec chapeau, moustache et pistolet.

3 Photographiez les enfants tenant l'affiche WANTED devant eux, comme des brigands !

◆ **Pour les enfants de plus de 6 ans : demandez-leur de reproduire leurs traits, en leur donnant un miroir, et d'observer la taille, la forme et la couleur de leurs yeux, leurs cheveux, leurs lèvres, la forme de leur visage…**

LA RECETTE DU COW-BOY

LE FORT

1 Préchauffez le four à 180 °C.

2 Préparez la ganache. Hachez le chocolat. Faites bouillir la crème et le beurre. Retirez du feu. Ajoutez le chocolat. Laissez reposer 1 min. Remuez au fouet.

3 Faites la pâte du gâteau au yaourt (voir recette p. 55) en doublant les doses.

4 Versez le mélange dans un plat rectangulaire beurré. Laissez cuire au four 15 min.

5 Démoulez. Coupez 1 carré. Dans le carré restant, coupez 4 petits carrés et posez-les aux angles du grand carré en les éloignant de 4 cm des bords.

6 Versez la ganache de manière homogène sur le gâteau.

7 Coupez une première série de Finger pour qu'ils soient plus hauts que le gâteau. Collez-les debout tout autour du grand carré. N'en mettez pas au centre d'un des côtés pour faire l'entrée du fort avec les Mikado.

8 Avec les Finger restants, faites le tour des petits carrés et plantez des sucettes pour décorer.

• **Pour parfaire le fort, vous pouvez ajouter des figurines de cow-boys et des petits drapeaux sur les tours !**

HISTOIRE DE DINOSAURES

Quand on pense aux dinosaures, on pense à une végétation luxuriante, dense et verte. On pense à des animaux surgissant de nulle part, fantasmés et dangereux, lents et bruyants. Des animaux terrifiants. On pense aussi à ce qu'il en reste : des squelettes ! Quand on pense aux dinosaures, on pense beaucoup !

POUR FAIRE UNE FÊTE DINO IL FAUT

IDÉES EN +

• **Faites un topo** aux enfants sur l'origine du mot « dinosaure », qui vient du grec *deinos* (terrible, magnifique) et *saûros* (reptile, lézard). Le dinosaure est donc un lézard terrible ! Il apparaît il y a 230 millions d'années environ et disparaît il y a 60 millions d'années.

• **Faites un quizz** en leur demandant de citer les différents types de dinos : animaux terrestres, volants, bipèdes, quadrupèdes, carnivores, herbivores. Dans chaque catégorie, demandez-leur de vous donner des noms de dinos. Certains enfants sont de vrais experts !

DO IT YOURSELF

LE MÉMO & LES ŒUFS DU DINO

LE MATÉRIEL

Des ciseaux, de la colle, du carton,
du papier journal, des oranges,
de la peinture blanche,
de la peinture de couleur, un pinceau.

Le mémo du dino

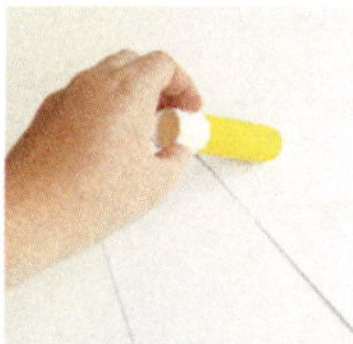

1 Téléchargez et imprimez deux fois la planche des dinos (sur www.mylittleday.fr/superidees).

2 Collez ces planches sur le carton. Puis découpez chaque dinosaure.

3 Répartissez les dinos sur la table et transformez-les en petits drapeaux à planter sur les gâteaux. Ou créez deux équipes et organisez un mémo avec les enfants.

Les œufs du dino

1 Recouvrez les oranges avec de la peinture blanche. Laissez sécher.

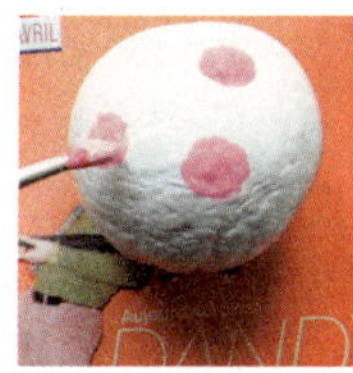

2 Lorsque les oranges sont sèches, vous pouvez les parsemer de pois colorés.

Et voici des œufs de dino !

◆ **Lors du mémo du dino, vous pouvez aussi demander aux enfants d'essayer de les reconnaître et de leur donner un nom. S'ils savent écrire, ils pourront eux-mêmes indiquer les types de dinos sur les vignettes.**

◆

Pour d'autres idées : www.mylittleday.fr/superidees

L'ATELIER DU DINO

LE DINO-PANTIN

1 Téléchargez et imprimez la planche des formes de dino (sur www.mylittleday.fr/superidees) sur des feuilles A4 et donnez-en une à chaque enfant.

2 Demandez-leur de découper ces formes et d'écrire leur prénom au revers de chacune d'entre elles.

3 Demandez-leur ensuite de les colorier (ou de les peindre ou de les tamponner).

4 Récupérez au fur et à mesure les formes préparées par les enfants. À l'aide de la pointe des ciseaux (ou d'une perforatrice), perforez les petites croix des formes imprimées.

5 Lorsque les formes sont prêtes et perforées, demandez aux enfants de reconstituer leurs dinosaures en attachant ces différentes formes avec des attaches parisiennes afin qu'elles fonctionnent comme des articulations. Précisez aux enfants qu'il faut insérer l'attache par le recto et que les pattes de l'attache sont à écarter au verso.

LA RECETTE DU DINO

LE MINI BANANA-SPLIT VERSION DINO

1 Épluchez les kiwis et coupez-les en rondelles de 1 cm. Pelez une banane et coupez-la en tronçons de 4 cm. Ne conservez pas les bouts ronds.

2 Trempez un tronçon de banane dans la ganache au chocolat (voir recette page 31), puis posez-le sur une rondelle de kiwi.

3 Recouvrez de chantilly l'autre tronçon de banane et posez un Smartie vert sur la chantilly.

• **Vos enfants seront ravis de trier les Smarties verts et de manger les autres !**

HISTOIRE DE CIRQUE

Allons-y, mesdames et messieurs ! C'est parti pour un spectacle défiant les lois de la nature ! Un spectacle où se mêlent animaux, clowns, jongleurs, trapézistes, illusionnistes… Un spectacle où les disciplines diffèrent autant que les couleurs, les motifs et les matières.
Un spectacle où la magie opère : un spectacle spectaculaire !

POUR FAIRE UNE FÊTE CIRQUE IL FAUT

IDÉES EN +

- **Faites un topo** aux enfants sur les acteurs du cirque : acrobate, dresseur, dompteur, clown, magicien, jongleur, funambule, mime, contorsionniste, pyramide humaine, cracheur de feu, homme-canon, trapéziste…

- **Faites un quizz** en leur demandant de citer des noms de cirques : le Cirque de Pékin, les cirques Romanès, Pinder, Plume, Zingaro, le Cirque du Soleil, Bouglione, Grüss, Calder…

- **Faites des groupes** et indiquez une discipline par groupe pour recréer un cirque : clowns, équilibristes, acrobates, jongleurs…

DO IT YOURSELF

LE NEZ ROUGE & LA MOUSTACHE DU CLOWN

- Avec des petits enfants, il est préférable de préparer ces accessoires avant la fête et de les photographier avec.
- Si les enfants sont grands, ce Do It Yourself peut faire l'objet d'un atelier !

LE MATÉRIEL
Des baguettes chinoises, de la colle, des feuilles A4 blanches, des feutres rouge et noir, du scotch, du carton.

Le nez rouge & la moustache du clown

1 Téléchargez et imprimez un gabarit de nez rouge et un gabarit de moustache sur www.mylittleday.fr/superidees. Collez les feuilles imprimées sur du carton.

2 Vous pouvez aussi dessiner un rond de 2 cm de diamètre environ et le colorier en rouge, puis dessiner une moustache et la colorier en noir.

3 Découpez le rond rouge et la moustache et scotchez-les sur des baguettes chinoises.

4 Votre nez rouge et votre moustache sont prêts : vous n'avez plus qu'à les placer devant votre visage !

◆

Pour d'autres idées : www.mylittleday.fr/superidees

L'ATELIER DU CIRQUE

LE CHAMBOULE-TOUT

1 Pour faire une pyramide, il faut 6, 10 ou 15 gobelets, ni plus ni moins ! Comptez le nombre d'enfants : il faut que chacun ait un gobelet à personnaliser.

2 Demandez aux enfants de décorer leur gobelet avec feutres, peinture, gommettes, chutes de tissu, etc. Vous pouvez leur suggérer de transformer le gobelet en personnage, en dessinant des yeux, une bouche, une moustache, un nez rouge…

3 Lorsque les gobelets sont décorés, apprenez aux enfants à faire une pyramide.

4 Une fois la pyramide faite, déterminez une ligne avec du scotch et placez derrière les enfants en file indienne.

5 À tour de rôle, les enfants doivent essayer de détruire la pyramide en la visant. Ensuite, chaque enfant reconstruit la pyramide pour l'enfant suivant et se remet dans la queue !

LA RECETTE DU CIRQUE

LES POP-CORN

1 Versez un fond d'huile dans une casserole. Versez les grains de maïs, mais pas trop, juste de quoi recouvrir le fond de la casserole. Couvrez et mettez le feu assez fort.

2 Lorsque les grains ont arrêté de frétiller, enlevez la casserole du feu. N'attendez pas, car les grains brûlent vite !

3 C'est prêt : ajoutez du sucre ou du sel, et dégustez.

- **La dernière folie made in US : colorez les pop-corn en ajoutant du colorant alimentaire dans l'huile !**

MAGICIEN

HISTOIRE DE MAGICIENS

Pas de magicien sans pouvoir. Le pouvoir de faire apparaître et disparaître des objets et des personnes. Le pouvoir de faire pousser un nez, de transformer un être humain en animal, de scier quelqu'un en deux… Le pouvoir de rendre la vie magique ou imprévisible et de donner une autre tournure aux choses !

POUR FAIRE UNE FÊTE MAGICIEN IL FAUT

IDÉES EN +

- **Faites un topo** aux enfants sur les similitudes entre magie et sorcellerie : le mage est un sage, le magicien réalise des merveilles, le magiste est un savant, le sorcier est diabolique, le prestidigitateur fait illusion, le médium a un don…
- **Demandez aux enfants**, les uns après les autres, de prononcer les formules magiques d'Harry Potter et de faire comme s'ils avaient en eux ce pouvoir : Mobiliarbus permet de déplacer un objet, Alohomora de déverrouiller portes et fenêtres, Avada Kedavra est un sortilège de mort, etc.

DO IT YOURSELF

LE TOUR DE MAGIE

LE MATÉRIEL

Vos mains et beaucoup d'adresse !

- Ce tour de magie nécessite un peu d'entraînement mais il est suffisamment simple pour être réalisé par un enfant de 6 ans ! Vous pouvez donc soit l'apprendre pour vous produire devant les enfants, soit apprendre aux enfants à le faire eux-mêmes.

Le tour de magie

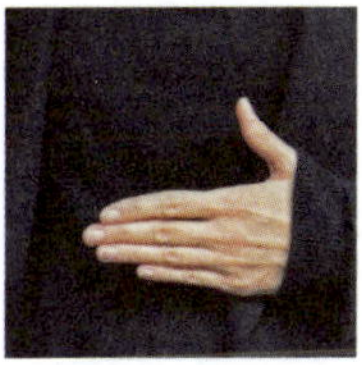

1 Étirez et joignez tous les doigts de votre main gauche.

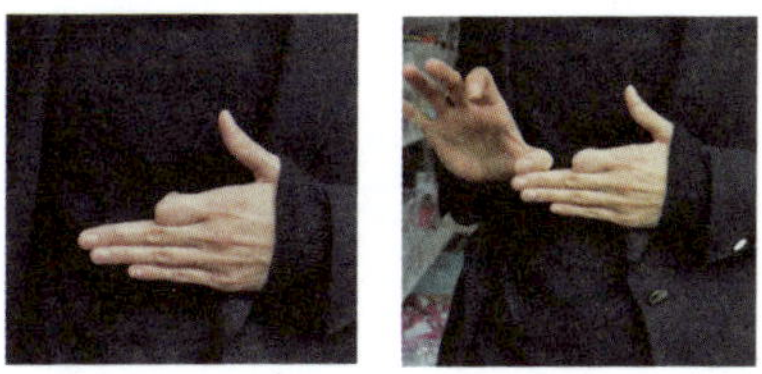

2 Pliez votre index le plus possible, tout en maintenant sa 1re phalange collée au majeur.

3 Pliez le pouce de votre main droite.

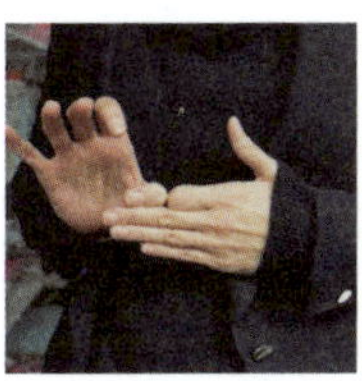

4 Collez le pouce plié de votre main droite contre l'index plié de votre main gauche.

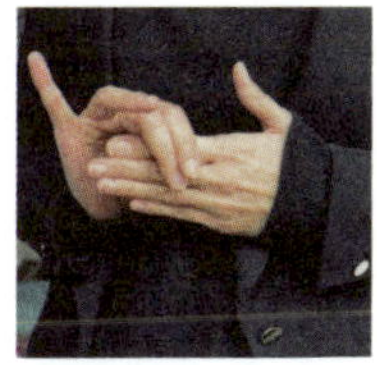

5 Cachez la jonction du pouce et de l'index avec le majeur et l'index de votre main droite.

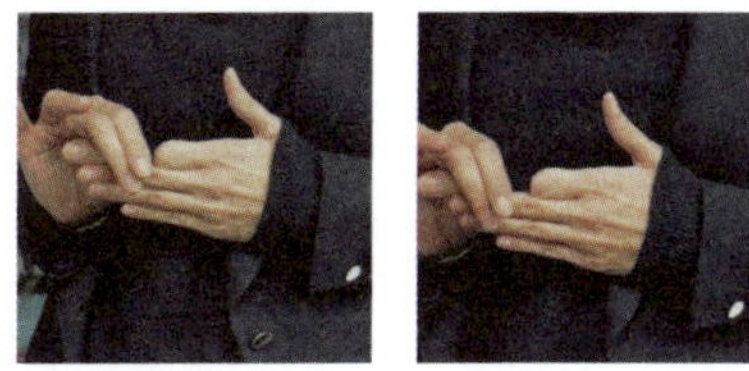

6 Maintenant, faites semblant d'arracher votre doigt en le faisant glisser contre le majeur de votre main gauche. Abracadabra !

Pour d'autres idées : www.mylittleday.fr/superidees

L'ATELIER DU MAGICIEN

LE COLORIAGE MAGIQUE

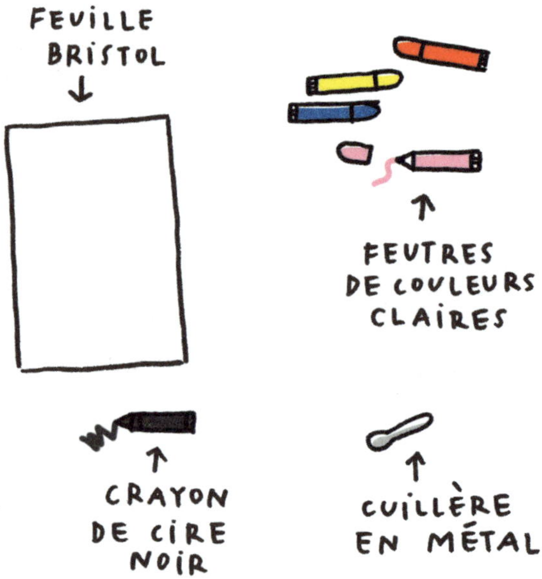

1 Demandez aux enfants de remplir entièrement le bristol de coloriage (vous pouvez leur conseiller de faire un arc-en-ciel !). Laissez sécher le coloriage quelques secondes.

2 Munissez les enfants d'un crayon de cire noir, type Crayola, et demandez-leur de recouvrir intégralement le coloriage.

3 Avec le dos d'une cuillère, demandez aux enfants de dessiner. La couleur apparaîtra comme par magie !

• **Il faut éviter de revenir plusieurs fois sur la surface noire, sinon la cire s'enlèvera toute seule.**

LA RECETTE DU MAGICIEN

LE GÂTEAU MOUSTACHE

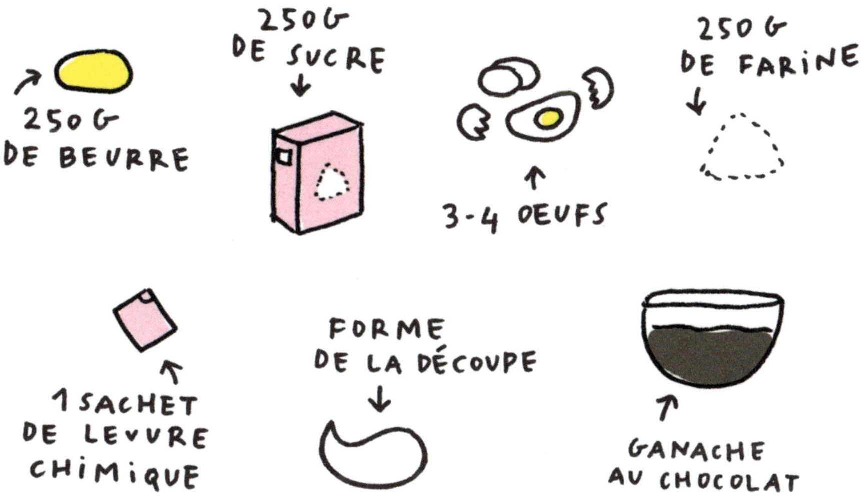

1 Préchauffez le four à 180 °C.

2 Faites la pâte à quatre-quarts : mélangez le beurre ramolli et le sucre, puis ajoutez les œufs un à un, et finissez par la farine et la levure.

3 Beurrez et farinez un moule rond. Enfournez pendant 45 min.

4 Piquez un couteau dans le gâteau, vérifiez que sa pointe ressort sèche et laissez refroidir.

5 Découpez le gâteau en 2 en faisant un S allongé. Si besoin, aidez-vous avec la forme à télécharger sur www.mylittleday.fr.

6 Posez les 2 morceaux l'un à côté de l'autre : vous obtenez une moustache !

7 Recouvrez cette moustache de ganache au chocolat (voir recette page 31).

HISTOIRE DE PRINCESSES

Il existe une histoire universelle qui, quels que soient l'endroit, l'heure et la culture, fait briller les yeux des petites filles. Une histoire où il est question d'une princesse qui est très jolie et très gentille. De surcroît, cette princesse est très habile, très douée et a une très jolie voix. Tout ce qu'elle touche se transforme en or...

POUR FAIRE UNE FÊTE PRINCESSE IL FAUT

IDÉES EN +

+ **Faites un topo** aux enfants sur les princesses. Elles ont vraiment existé et existent encore ! Elles sont soit filles de roi, soit les heureuses jeunes fiancées de beaux et charmants princes. Mais il y a très peu de princes, par conséquent peu de princesses…

+ **Demandez aux enfants** de citer toutes les princesses qu'ils connaissent. La liste est longue : Arielle, Belle, Aurore, Blanche-Neige, Cendrillon… et Kate !

DO IT YOURSELF

LA COURONNE EN FIL DE FER

LE MATÉRIEL

1,5 m de fil de fer doré ou argenté, une pince pliante, une pince coupante.

La couronne en fil de fer

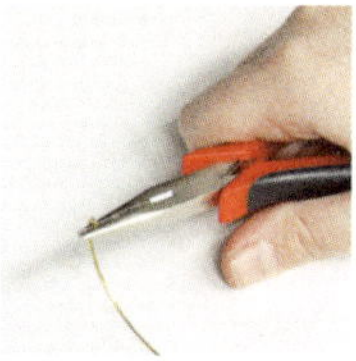

1 Définissez une longueur de fil de fer pour le tour de tête, soit 50 cm environ.

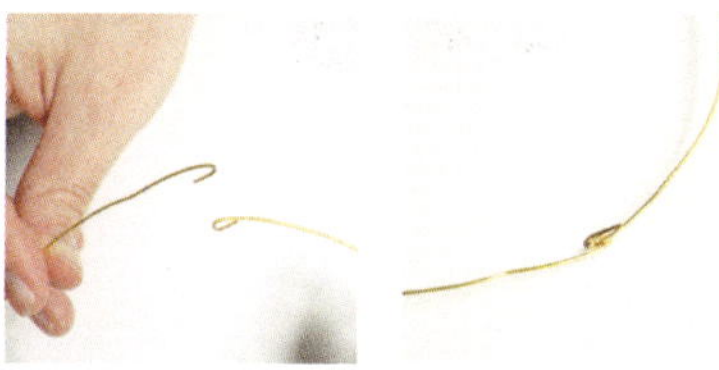

2 Avec la pince pliante, faites 2 boucles pour fermer la couronne et créer un « tour de tête ».

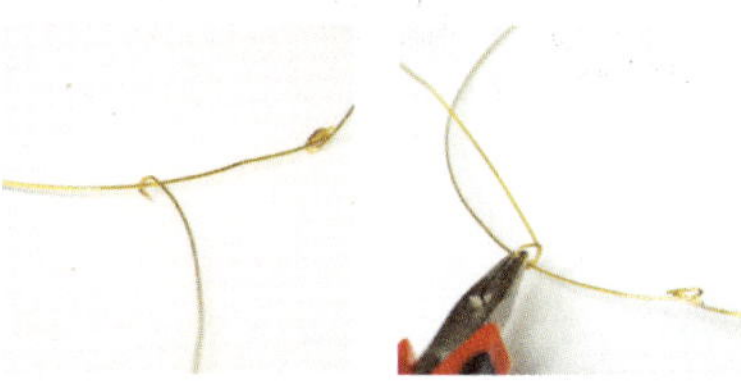

3 Avec le fil restant et à l'aide de la pince pliante, faites une double boucle autour du tour de tête.

• **Prenez du fil de fer le moins épais possible, car il sera ainsi plus facile à manipuler.**

4 Laissez 5 cm de fil et pliez-le pour créer une pointe avec la pince.

5 Faites une 1re pointe et stabilisez-la avec une boucle du tour de tête.

6 Répétez l'opération sur l'ensemble du tour de tête.

• **Vous pouvez aussi choisir l'option diadème et ne faire que 3 pointes ! Quelles que soient les difficultés que vous rencontrez, faites-vous confiance !**

Pour d'autres idées : www.mylittleday.fr/superidees

L'ATELIER DE LA PRINCESSE

LA BAGUETTE DE FÉE AVEC RUBAN ET ÉTOILE

1 Téléchargez le gabarit de l'étoile à imprimer (sur www.mylittleday.fr/superidees).

2 Découpez plusieurs étoiles : comptez 2 fois le nombre d'invités. Remettez donc 2 étoiles par enfant.

3 Demandez aux enfants de les colorier, de coller des paillettes, de dessiner des cœurs…

4 Demandez-leur de badigeonner avec de la colle les faces blanches des étoiles.

5 Remettez à chaque enfant une paille, qui sera la baguette.

6 Aidez-les à coller à l'extrémité de la paille les 2 étoiles l'une contre l'autre.

7 Remettez aux enfants des rubans.

8 Demandez-leur de faire des nœuds avec plusieurs rubans juste sous l'étoile.
Le tour est joué : chaque invité a une baguette de fée ou de princesse !

LA RECETTE DE LA PRINCESSE

LA PIÈCE MONTÉE

1 Préchauffez le four à 180 °C.

2 Pour faire une pièce montée, il faut 3 moules de tailles différentes. Si vous n'avez qu'un moule, préparez 3 gâteaux au yaourt, puis découpez-les en 3 tailles différentes afin de les empiler.

3 En utilisant un pot de yaourt comme unité de mesure, mélangez tous les ingrédients en doublant les quantités.

4 Beurrez et farinez les 3 moules. Enfournez pendant 25 à 30 min.

5 Piquez un couteau dans les gâteaux, vérifiez que la pointe ressort sèche et laissez-les refroidir.

6 Pour le glaçage royal, battez les blancs d'œufs en neige très ferme. Continuez en ajoutant peu à peu le sucre glace. Une fois que le sucre est incorporé, continuez à battre pendant 5 min.

7 Démoulez les gâteaux. Rabotez-les pour obtenir des surfaces plates empilables.

8 Empilez ces 3 biscuits puis recouvrez de glaçage royal avec une spatule, puis avec le dos de la main.

9 Répartissez les bonbons de votre choix (Dragibus roses, Smarties ou fraises Tagada) à chaque étage.

RAIPONCE

HISTOIRE DE RAIPONCE

Raiponce est un conte où une jeune fille très belle, à la longue chevelure dorée réunie en une tresse, est séquestrée par une sorcière au sommet d'une tour. Elle finira par s'échapper et rencontrer son prince. Il existe des histoires plus drôles… Mais Raiponce porte en elle tout le champ des possibles. Bref, c'est une princesse poétique et pragmatique !

POUR FAIRE UNE FÊTE RAIPONCE IL FAUT

IDÉES EN +

- **Faites un topo** aux enfants sur la vraie histoire de Raiponce, qui est retranscrite par les frères Grimm sous le titre *Rapunzel*. Cette version originale est très différente et assez violente et vous permettra d'expliquer les notions d'adaptation, de conte et de tradition orale !

- **Demandez aussi aux enfants** d'énumérer les symboles de l'histoire : la tresse, la lanterne, la fleur, le soleil…

DO IT YOURSELF

LA COURONNE EN MASKING TAPE & LE COLLIER TRESSÉ

LE MATÉRIEL

Des fils de laine, des fils de scoubidou, des rubans, de longues chutes de tissu, du scotch, des masking tapes colorés.

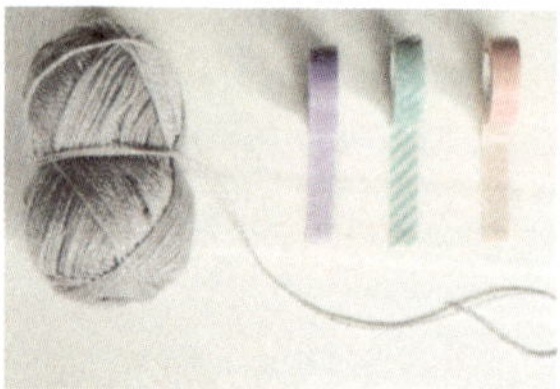

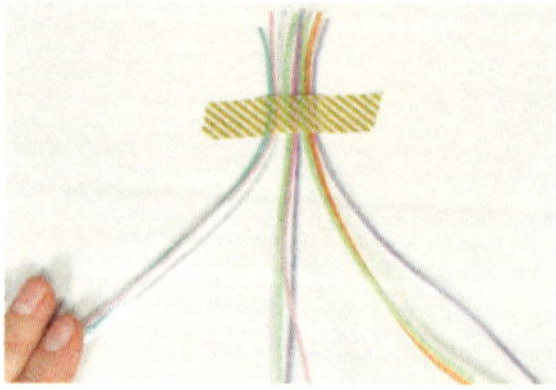

La couronne en masking tape

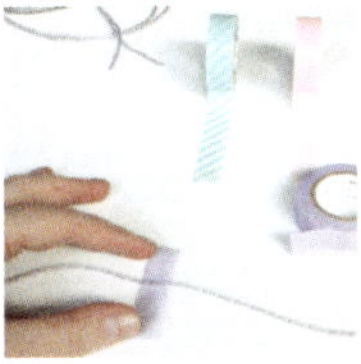

1 Posez un fil de laine de 50 cm environ sur une table.

2 Scotchez des rectangles de masking tape (ruban adhésif coloré) sur le fil en les espaçant de 1 cm au moins.

3 Lorsque tous les rectangles sont apposés sur le fil, découpez le masking tape pour lui donner une forme de triangle.

4 Nouez la couronne au sommet de la tête des princesses ou des guerriers !

Le collier tressé

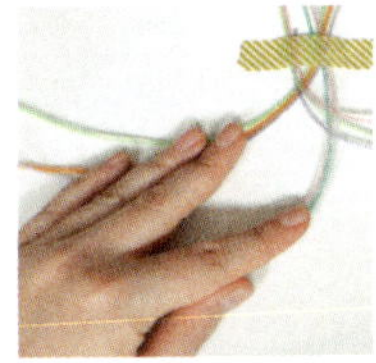
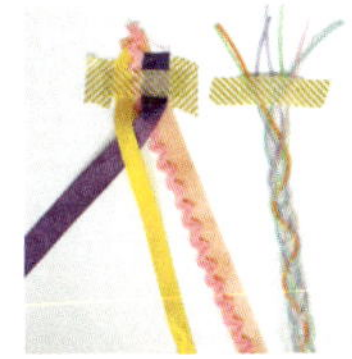

1 Ce qui est joli dans ce collier, c'est l'épaisseur de la tresse : n'hésitez donc pas à donner plusieurs fils (de laine et de scoubidou), des rubans et du tissu pour chaque partie de la tresse.

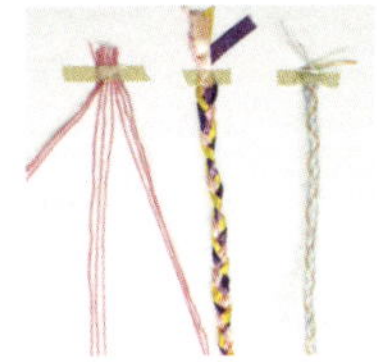

2 Scotchez les extrémités des fils à une surface plane.

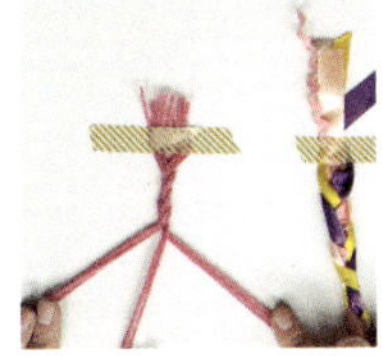

3 Tressez et faites un nœud pour terminer !

◆ **Vous pouvez utiliser ces tresses en collier, en bracelet, en bandeau ou en serre-tête (headband).**

◆

Pour d'autres idées : www.mylittleday.fr/superidees

L'ATELIER DE RAIPONCE

LA LANTERNE

1 Remettez à chaque enfant une feuille A4 blanche.

2 Demandez-leur de la décorer avec des symboles de l'univers de Raiponce : un soleil, une tresse, des étoiles...

3 Expliquez-leur comment plier leur feuille en 2 dans le sens de la longueur.

4 Remettez des ciseaux aux enfants. Expliquez-leur comment faire des coupes perpendiculairement à la pliure : ils peuvent donner un coup de ciseaux tous les 1 cm sur la totalité de la pliure.

5 Expliquez-leur comment scotcher les extrémités.

6 Posez la lanterne sur la table. Insérez-y des bougies plates : c'est magique !

LA RECETTE DE RAIPONCE

LE CARROT CAKE AVEC GLAÇAGE

1 Préchauffez le four à 180 °C.

2 Battez les œufs et le sucre.

3 Incorporez l'huile et battez quelques minutes pour donner un aspect de mayonnaise.

4 Ajoutez les carottes finement râpées ou hachées, la farine peu à peu, la cannelle, la levure, le bicarbonate, le sel et enfin les noix hachées.

5 Enfournez 45 min environ.

6 Laissez refroidir et démoulez.

7 Pour le glaçage, mélangez le beurre ramolli mais pas fondu, l'extrait de vanille, le carré frais et le sucre glace.

8 Nappez quand le gâteau est bien froid.

BLANCHE-NEIGE

HISTOIRE DE BLANCHE-NEIGE

« Une petite fille, blanche comme la neige, les lèvres vermeilles comme le sang et noire de cheveux comme le bois d'ébène » : Blanche-Neige, c'est du jaune, du bleu et du rouge dans un bois sombre. Des petits bonshommes attachants, une pomme et le baiser le plus romantique de l'histoire du cinéma ! Une vraie héroïne des temps modernes...

POUR FAIRE UNE FÊTE BLANCHE-NEIGE IL FAUT

IDÉES EN +

- **Faites un topo** aux enfants sur les différentes Blanche-Neige et les fins réservées à la méchante belle-mère ! Selon que l'on est chez Grimm ou Disney, son sort diffère !

- **Demandez aux enfants** de citer le nom des 7 nains (Prof, Atchoum, Dormeur, Grincheux, Joyeux, Timide et Simplet).

- **Demandez-leur aussi** de chanter les chansons que fredonnent Blanche-Neige et ses acolytes (« Hey Ho, Hey Ho, On rentre du boulot »...).

DO IT YOURSELF

LES NŒUDS EN FEUTRINE

LE MATÉRIEL

De la feutrine, du tissu ou du cuir rouge, des ciseaux, du fil de laine ou de coton (ou du ruban), une épingle à nourrice, des supports variés : un serre-tête, une barrette, une bague, un cure-dent...

Les nœuds en feutrine

1 Découpez des petits rectangles de feutrine ou de tissu rouge de différentes tailles. Déterminez la taille des rectangles selon l'usage que vous souhaitez en faire.

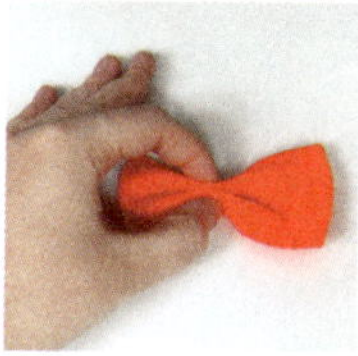

2 Pliez le rectangle de feutrine au centre en pinçant entre le pouce et l'index.

3 Prenez un fil de laine ou de coton ou un ruban. Faites un nœud au centre du rectangle : vous avez un nœud papillon.

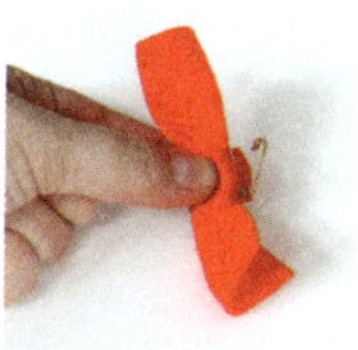

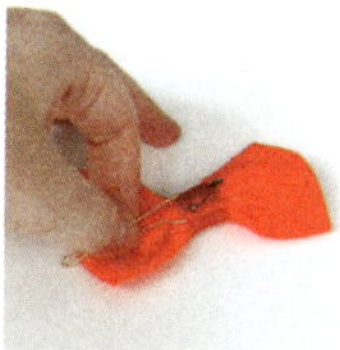

4 Si vous avez utilisé un ruban pour faire le nœud, prenez une épingle à nourrice pour fermer le nœud.

5 En passant un ruban entre la feutrine et la laine, vous pouvez transformer le nœud en serre-tête (headband).

◆ **Vous pouvez mettre ce nœud papillon autour du cou d'une figurine en plastique ou autour d'une bouteille, ou le transformer en collier, en barrette, en bague… ou tout simplement les disperser sur la table !**

◆

Pour d'autres idées : www.mylittleday.fr/superidees

L'ATELIER DE BLANCHE-NEIGE

LA MAISON DES NAINS

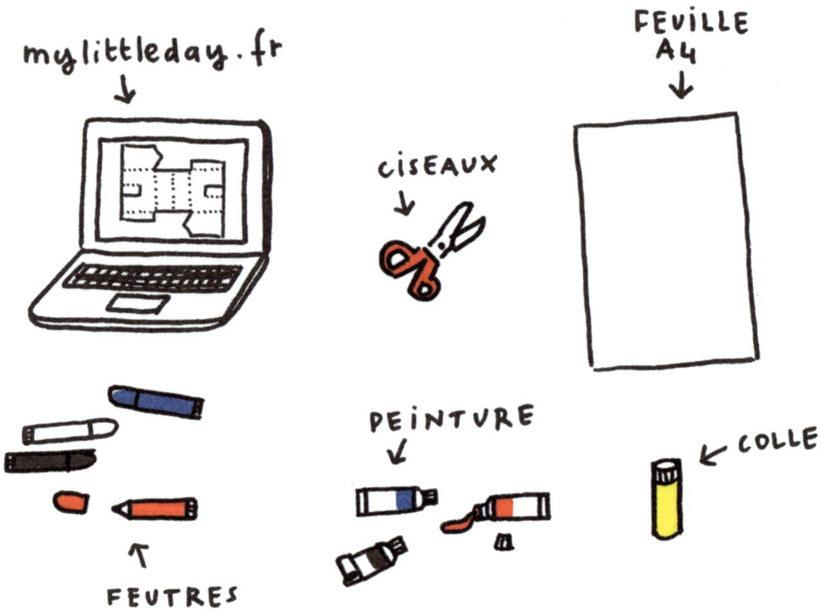

1 Téléchargez la forme de la maison à imprimer sur www.mylittleday.fr/superidees en autant d'exemplaires que d'enfants.

2 Selon l'âge des enfants, découpez la maison ou remettez-leur la feuille pour qu'ils puissent la découper.

3 Expliquez-leur qu'il faut découper et plier en suivant ces règles : découper les traits pleins, plier les pointillés.

4 Lorsque la maison est découpée, demandez-leur de la décorer aux feutres ou à la peinture.

5 Une fois la maison décorée, ils n'ont plus qu'à coller les languettes pour lui donner sa forme définitive.

LA RECETTE DE BLANCHE-NEIGE
LES POMMES D'AMOUR

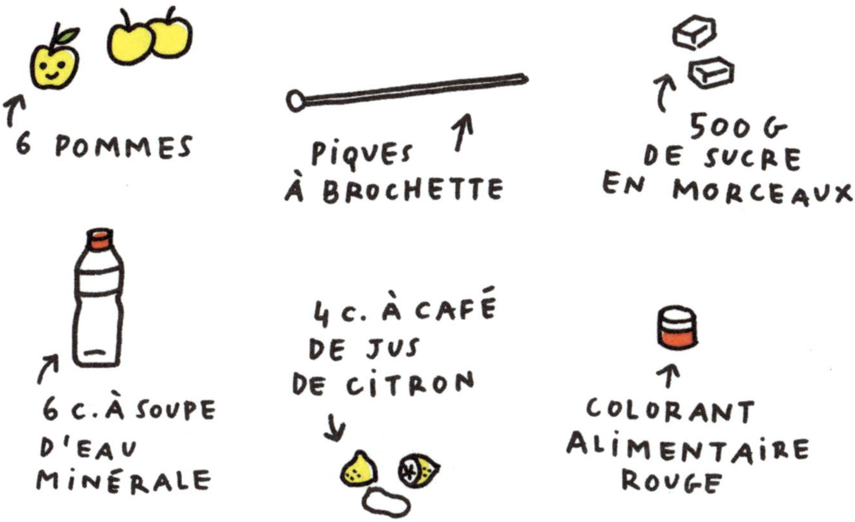

1 Lavez les pommes et essuyez-les.

2 Piquez-les sur les brochettes.

3 Versez le sucre dans une casserole à fond épais, ajoutez l'eau minérale, 2 cuillères à café de jus de citron et le colorant. Mettez sur feu doux.

4 Faites cuire sans jamais mélanger jusqu'à la formation d'un caramel ambré.

5 Retirez du feu et ajoutez 2 cuillères à café de jus de citron pour arrêter la cuisson du caramel.

6 Plongez les pommes dans le caramel liquide en vous aidant d'une cuillère.

7 Laissez-les durcir dans un endroit sec, sur une grille ou du papier sulfurisé.

PASTEL

HISTOIRE DE PASTEL

Quelques touches de couleurs, claires pour la plupart. Des couleurs rappelant l'herbe, les fleurs, les prés. Des couleurs comme des points de lumière. Une lumière entre deux, pas encore tout à fait inondée par la clarté de l'été. Une envie : être dehors. Au plus près de la nature, au plus près de la lumière. C'est le printemps !

POUR FAIRE UNE FÊTE PASTEL IL FAUT

IDÉES EN +

• **Si le printemps avait une couleur,** sa teinte serait pastel. Pourquoi ? Parce que le printemps, c'est le renouveau de la nature. C'est la fonte des neiges, le bourgeonnement, la floraison... Avant de faire des fruits, de nombreux arbres font des fleurs blanches, roses, mauves...

• **Faites un quizz** en demandant aux enfants de citer les saisons dans l'ordre. Demandez-leur quels sont les éléments qui définissent le printemps : l'ours qui sort de son hibernation, les fleurs qui éclosent, Pâques...

DO IT YOURSELF

LE SERRE-TÊTE LAPIN

LE MATÉRIEL

Un serre-tête, un bâton de colle, une agrafeuse, des ciseaux, des chutes de papier et/ou de tissu, par exemple du papier cartonné blanc, du papier de soie, du papier à motifs...

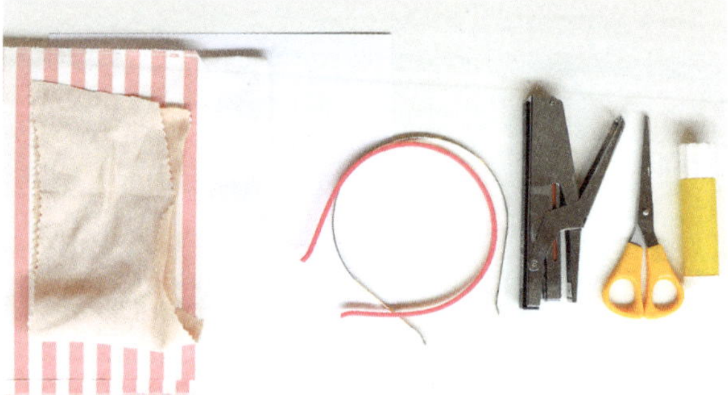

Le serre-tête lapin

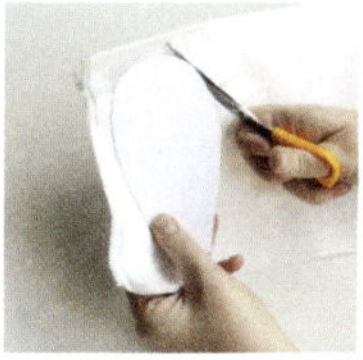

1 Dessinez sur du papier cartonné blanc la forme d'une oreille de lapin.

2 Pliez une feuille de papier de soie de manière à obtenir 20 couches environ (10 par oreille). Posez sur ce pliage le patron d'oreille de lapin préalablement découpé. Découpez le papier de soie en suivant la forme du patron.

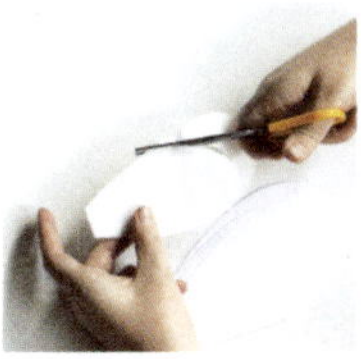

3 Répétez l'opération avec les autres types de papier ou de tissu.

4 Réduisez les dimensions en découpant les 3 ou 4 feuilles du devant pour donner un peu de volume aux oreilles.

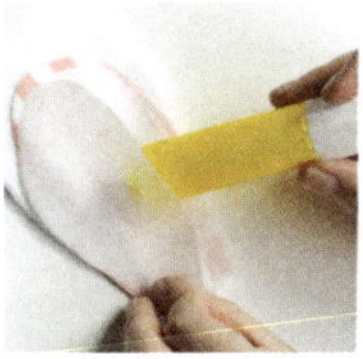

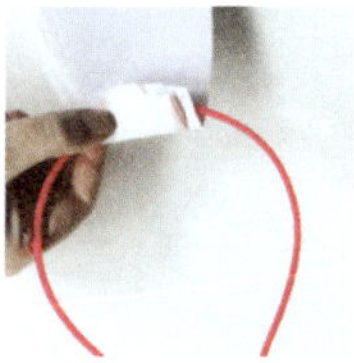

5 Superposez avec soin toutes les feuilles, de la plus petite à la plus grande, et collez-les les unes sur les autres.

6 Pliez la base de l'oreille en coinçant le serre-tête dans le pli, puis agrafez-la en serrant le serre-tête le plus possible.

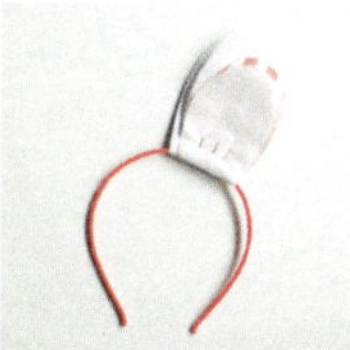

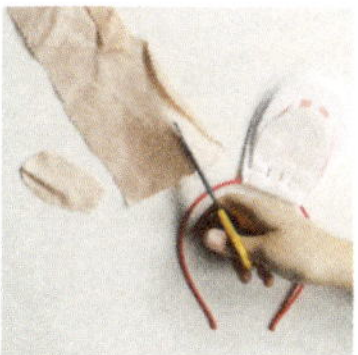

7 Découpez un dernier morceau de papier ou de tissu. Collez-le sur le devant des oreilles pour cacher les agrafes.

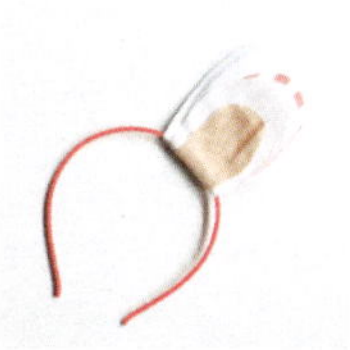

8 Répétez l'opération pour la seconde oreille.

Pour d'autres idées : www.mylittleday.fr/superidees

L'ATELIER PASTEL

LES FLEURS

1 Protégez votre table avec une toile cirée, un drap ou une nappe qui ne craint rien.

2 Coupez des rectangles de papier de soie de 5×15 cm environ. Remettez-en plusieurs aux enfants.

3 Demandez-leur de les transformer en trempant la gomme de leur crayon dans la peinture ou dans l'encre (qui sèche plus vite). Dites-leur de tamponner leur petite feuille de pois colorés !

4 Lorsque les feuilles sont décorées, apprenez-leur à en faire des rouleaux.

5 Une fois les rouleaux faits, dites aux enfants de pincer une des extrémités, puis de lâcher cette extrémité. C'est magique, un rouleau de papier s'est métamorphosé en fleur !

LA RECETTE PASTEL

LA MOUSSE AU CHOCOLAT DANS UNE COQUILLE D'ŒUF

1 Faites fondre au bain-marie le chocolat à cuisiner cassé en morceaux.

2 Versez-le dans un saladier et laissez-le refroidir quelques minutes.

3 Cassez soigneusement les œufs, séparez les jaunes des blancs et réservez les coquilles. Ajoutez les jaunes d'œufs au chocolat fondu.

4 Battez les blancs d'œufs en neige et incorporez ¼ des blancs dans le chocolat fondu en mélangeant énergiquement.

5 Ajoutez le reste des blancs en neige, mais délicatement !

6 Placez la mousse au réfrigérateur au moins pendant 3 h dans les coquilles d'œufs préalablement lavées et posées (ou non) sur des coquetiers.

HISTOIRE DE ROSE

Il existe une couleur qui raconte une histoire déclinée en centaines d'histoires. Une histoire à dormir debout, où il est (souvent) question d'une princesse destinée à épouser un prince plus que charmant. Une histoire universelle, dont la teinte est rose comme un boudoir. Rose poudré, relevé, fuchsia, bonbon… bref, du rôôôôse pour les filles !

POUR FAIRE UNE FÊTE ROSE IL FAUT

IDÉES EN +

- **Faites un topo** aux enfants sur le rose. La couleur a été nommée d'après la fleur. C'est un mélange de rouge et de blanc, mais les nuances sont très nombreuses.

- **Faites un quizz** en leur demandant de citer quelques roses : fluo, clair, Barbapapa, guimauve, Barbie, fuchsia, saumon… Cette couleur symbolise la candeur, la pureté, la féminité, la douceur. Demandez-leur aussi de citer des expressions avec l'adjectif « rose », par exemple un roman à l'eau de rose, la Panthère rose, la Bibliothèque rose, le Soldat rose, la vie en rose.

DO IT YOURSELF

LE COLLIER EN PÂTES ROSES & LES BALLONS DE CONFETTIS

LE MATÉRIEL

Des pâtes papillons, une bombe de peinture rose, du fil de laine ou de la ficelle, des ciseaux, un embout de bouteille en plastique, des ballons transparents, des confettis roses.

• Ce Do It Yourself peut être un atelier pour les enfants à partir de 7 ans : dans ce cas, ils devront nouer les papillons avant de les peindre au pinceau.

Le collier en pâtes roses

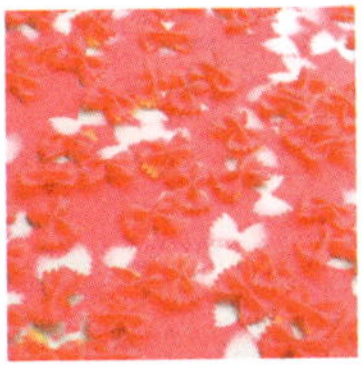

1 Étalez 20 pâtes papillons environ sur une grande surface de papier.

2 Colorez-les à la bombe. Attendez qu'elles sèchent avant de les retourner et de les colorer sur l'autre face.

3 Nouez le fil, au centre des pâtes, à 5 cm de son extrémité.

4 Nouez une pâte tous les 2 cm. Votre collier est prêt !

◆ **Vous pouvez aussi imaginer un sautoir avec une seule pâte !**

Les ballons de confettis

1 Écartez l'ouverture d'un ballon transparent autant que possible. Vous pouvez vous aider d'un embout de bouteille en plastique.

2 Insérez-y des confettis roses.

3 Gonflez le ballon avec de l'air ou de l'hélium.

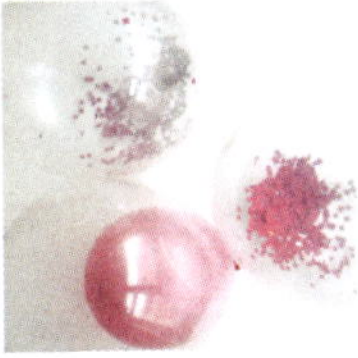

4 Faites voler !

◆

Pour d'autres idées : www.mylittleday.fr/superidees

L'ATELIER ROSE

LA TENUE ROSE

1 Protégez votre table avec une toile cirée, un drap ou une nappe qui ne craint rien.

2 Remettez à chaque enfant une feuille de papier de soie et un ruban.

3 Placez le ruban à 3 cm du bord de la feuille et rabattez la longueur du papier sur le ruban.

4 Collez le papier avec de la colle.

5 Demandez aux enfants de tamponner la jupe avec la gomme du crayon préalablement trempée dans l'encre. Ils peuvent aussi coller des paillettes, des confettis ou des gommettes.

6 Nouez la jupe à la taille des filles.

LA RECETTE ROSE

LES BROCHETTES DE FRUITS ROUGES

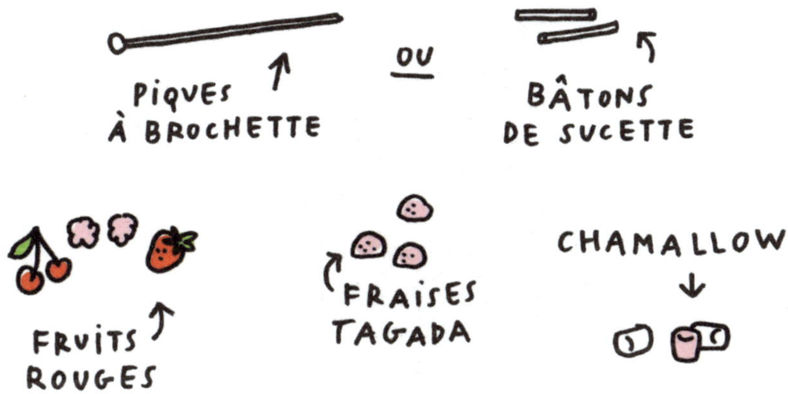

1 Coupez les piques à brochettes en 2.

2 Enfilez sur une pique un fruit rouge, une fraise Tagada, un fruit rouge, un Chamallow...

3 Coupez le bout des piques.

4 Répétez l'opération sur autant de piques que vous le souhaitez.

LE PETIT CHAPERON ROUGE

HISTOIRE DU PETIT CHAPERON ROUGE

« Tire la chevillette, la bobinette cherra » : ces mots résonnent et une couleur apparaît. Elle semble rappeler une histoire connue de tous, contée par tous. Du rouge confiture, du rouge dense pour dire la promenade dans les bois, le loup, l'insouciance, la curiosité et la confiance… Pour dire l'enfance.

POUR FAIRE UNE FÊTE PETIT CHAPERON ROUGE IL FAUT

UNE DÎNETTE

DES CHAMPIGNONS ROUGES

UN LOUP

DU ROUGE

IDÉES EN +

• **Faites un topo** aux enfants sur l'histoire du Petit Chaperon rouge. Les versions les plus connues sont celles de Perrault et de Grimm, mais les bibliothèques regorgent d'autres versions…

• **Demandez aux enfants** de raconter à leur manière ce conte qu'ils ont entendu des dizaines de fois. Chacun aura une version bien à lui. Le Petit Chaperon rouge n'apporte pas toujours les mêmes cadeaux à sa grand-mère. Il est parfois question de galette et de pot de beurre, mais aussi d'une bouteille de vin et de gâteaux ! Et, bien sûr, la fin diffère…

DO IT YOURSELF

LES MARIONNETTES EN PAPIER

LE MATÉRIEL

Du papier, des crayons ou des feutres, des ciseaux, du scotch.

Les marionnettes en papier

1 Pour chaque personnage, découpez des carrés de 7 cm de côté.

2 Dessinez les personnages à partir de formes très simples : le loup, la grand-mère, le Petit Chaperon rouge et le chasseur. Si vous êtes en panne d'inspiration, téléchargez les personnages sur www.mylittleday.fr/superidees.

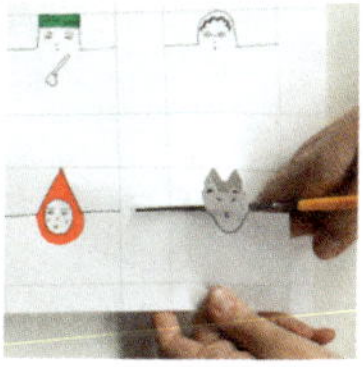

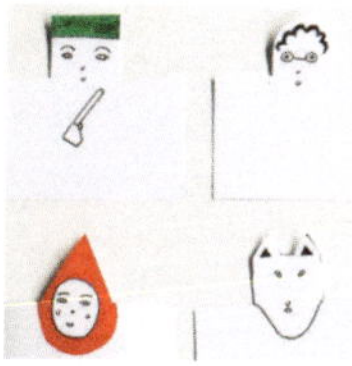

3 Coloriez les personnages avec les couleurs auxquelles ils sont assimilés, puis découpez les formes.

4 Collez les extrémités avec un morceau de scotch : vous obtenez des marionnettes à doigt.

◆ **Vous pouvez faire une petite représentation devant les enfants, ou bien leur remettre les marionnettes pour qu'ils jouent eux-mêmes le spectacle du Petit Chaperon rouge.**

◆

Pour d'autres idées : www.mylittleday.fr/superidees

L'ATELIER DU PETIT CHAPERON ROUGE

LA COCOTTE EN PAPIER

1 Entraînez-vous sur YouTube à réaliser le pliage d'une cocotte en papier. Recherche : « Cocotte en papier ».

2 Lorsque la cocotte est réalisée, demandez aux enfants de décorer chaque partie avec des crayons de couleur, des feutres, des gommettes, en dessinant au recto des chiffres de 1 à 8, et au verso les objets et les personnages du conte : les lunettes de la grand-mère, le loup, le Petit Chaperon rouge, sa mère, le panier, le pot de beurre, le chasseur, la forêt…

3 Quand chaque enfant est armé de sa cocotte, le jeu peut commencer. À tour de rôle, dans le sens des aiguilles d'une montre, un enfant donne un nombre à son voisin, qui lui révèle alors un élément de l'histoire. L'enfant doit alors raconter la partie de l'histoire concernée. Ainsi, toute l'histoire est racontée sens dessus dessous !

- **Pour les enfants de moins de 5 ans : préparez les « cocottes » avant leur arrivée. Pour les plus de 5 ans : remettez-leur un A4 et montrez-leur chaque étape.**

LA RECETTE DU PETIT CHAPERON ROUGE

LE CHAMPIGNON

1 Préchauffez le four à 120 °C.

2 Sortez les œufs du réfrigérateur 15 min avant de les utiliser.

3 Déposez du papier sulfurisé sur une plaque.

4 Séparez les blancs des jaunes. Battez les blancs en neige avec une pincée de sel.

5 Ajoutez doucement le sucre et le colorant alimentaire en continuant à battre les œufs.

6 Lorsque les blancs d'œufs sont fermes, déposez sans attendre des noisettes de 4 cm sur la plaque : ce seront les chapeaux des champignons.

7 Enfournez les blancs d'œufs pendant 30 min : vous obtiendrez des meringues moelleuses.

8 Posez les meringues rouges sur les Chamallow blancs. Vous avez des champignons !

LES JEUX
ÂGE PAR ÂGE

EN PRÉAMBULE...

• **Les jeux sont écrits à la première personne** pour qu'ils puissent être lus comme le serait une pièce de théâtre. Cela ne vous dispense pas de les avoir lus et compris la veille de la fête !

• **Les jeux affublés des mots de chaque thème se transforment** en jeux de princesse ou de super héros. Un simple « Jeu du facteur » (voir p. 103) se métamorphose en « La princesse n'est pas passée ». Le pouvoir du mot « princesse » est instantané, le jeu prend une dimension qui était jusqu'alors inconnue.

• **Les jeux sont classés par âge** ; il s'agit de l'âge à partir duquel ils peuvent être faits, ce qui signifie qu'ils peuvent être pratiqués bien après l'âge indiqué. Ainsi, « Loup, y es-tu ? » (voir p. 99) est conseillé à partir de 3 ans, mais peut être proposé aux enfants de 4, 5, 6 et même de 7 ans !

• **Si certains jeux vous paraissent peu adaptés** à l'âge indiqué pour votre enfant, n'hésitez pas à piocher dans les jeux de l'âge qui précède ou qui suit : si votre enfant est de la fin de l'année et que tous ses copains ont six mois de plus que lui, regardez l'âge suivant. Si, au contraire, ils sont plus jeunes, regardez l'âge précédent.

• **Si vous organisez une boum ou une pyjama party** et que votre enfant a plus de 8 ans, piochez dans les jeux destinés aux enfants de 8 ans et plus !

• **La durée des jeux** est donnée à titre indicatif : elle dépend du nombre d'enfants et de l'intérêt que vous aurez réussi à créer pour le jeu !

• **Faites toujours passer votre enfant en premier**, même si ses copains râlent. Expliquez-leur que c'est SON anniversaire !

LES JEUX QUE L'ON RETROUVE À TOUT ÂGE

Dans chaque anniversaire, quel que soit l'âge, il existe des jeux et des moments incontournables tels que le goûter, l'ouverture des cadeaux ou encore des jeux dansés et chantés.

LE GOÛTER

ENVIRON 15 MIN - DE LA MUSIQUE

— Est-ce que vous savez faire un petit train ?
— Ouiiiiii !
— Alors, mettez-vous les uns derrière les autres et attachez-vous **(posez les mains du deuxième sur les épaules du premier, et ainsi de suite)**.
Ne vous lâchez surtout pas ! Vous êtes bien attachés ?
— Ouiiiiii !
— Je prends la tête de la locomotive **(attachez les mains du premier à votre taille)**. Je lance la musique, c'est parti… Faites un petit tour où vous allez plus ou moins vite. Vous pouvez faire l'escargot ou des zigzags, et vous diriger vers l'endroit du goûter. Ça ne dure pas plus de deux minutes, mais les enfants adorent. Installez-les à table ou par terre, et baissez la musique.

— Installez-vous. Qui veut du jus de pomme ? du lait ? de la grenadine ? Qui veut des bonbons ? des cupcakes ? des tartelettes ? Savez-vous ce que l'on chante pour un anniversaire ?
— Ouiiiiii !
— Alors, nous allons nous entraîner : « Joyeux anniversaire… » C'est bien, connaissez-vous cette chanson dans d'autres langues ?
Lorsque vous êtes prêts, lancez le décompte et chantez le « Joyeux anniversaire » pour que Félix souffle ses bougies.

BON À SAVOIR
Si vous avez opté pour la solution pique-nique, les enfants seront ravis de vous aider à mettre la nappe, à répartir des confettis et à distribuer les assiettes et les gobelets.
N'hésitez pas à faire la conversation autour des thèmes préférés des enfants : s'ils ont des animaux, quels sont leurs jeux préférés au parc…
Vous pouvez aussi leur donner une idée de ce que vous ferez après le goûter et mettre l'accent sur le thème de l'anniversaire, s'il y en a un.

ET AUSSI…
Lorsque tout le monde a fini de goûter, proposez un détour par les toilettes et récupérez très vite votre petite troupe.

MES CHANSONS À MOI

ENVIRON 10 MIN

— J'aimerais que tout le monde s'asseye par terre, en tailleur, en face de moi. Nous allons chanter quelques chansons ou raconter une histoire. Qui veut commencer ?

— Moi, moi !

— Je vais choisir celui qui fait les plus grosses joues. Margaux, viens à côté de moi, tu peux faire une révérence et ton public va t'applaudir. Tu nous chantes quoi ?

— Une souris verte.

— Je vais t'aider.

— Une souris verte…

— Bravo !!! Est-ce que quelqu'un d'autre veut chanter quelque chose ? Et ainsi de suite.

BON À SAVOIR

C'est un moment calme et émouvant pour les petits. Certains ne savent pas faire la révérence, il faut leur apprendre. Les enfants adorent être applaudis par leurs copains. Parfois, ils veulent chanter la même chanson. Parfois, ils se braquent, parce que les autres les accompagnent et parfois ils n'osent pas chanter. Pour les grands de 7 ou 8 ans, c'est un moment amusant, où ils se donnent en spectacle devant leurs copains et leur chantent des chansons qu'ils connaissent tous !

ET AUSSI…

Lorsque tous les enfants veulent participer à un jeu, vous pouvez leur dire que vous choisirez celui qui est le mieux assis en tailleur, qui lève la main le plus haut, qui tire la langue le plus loin, qui fait le moins de bruit… et les faire tous passer s'ils ne sont pas trop nombreux.

LES STATUES MUSICALES

ENVIRON 10 MIN - DE LA MUSIQUE

— Est-ce que vous aimez danser ?
— Ouiiiiii !
— Savez-vous faire les statues ?
— Ouiiiiii !
— Je vais mettre de la musique pour que nous dansions ensemble. Lorsque je l'éteindrai, j'aimerais que vous vous transformiez en statues ! Attention, je vais peut-être vérifier que vous êtes de vraies statues en vous faisant des chatouilles. Pour commencer, dansez comme moi. On appelle la musique : « La musique, la musique ! »
— Pour les prochaines statues, j'aimerais que vous preniez des pauses de princesses, de monstres, de lions… Vous êtes prêts ?
— Ouiiiiii !
— Maintenant, on danse tous comme Félix. Puis comme Margaux… Puis comme vous voulez !!!

BON À SAVOIR
Faites des mouvements simples, comme sauter, dire au revoir, tourner sur vous-même, faire l'avion, faire des rouleaux avec les bras, se taper sur les jambes, sur les épaules, sur la tête, avancer, reculer… Éteignez la musique et examinez les statues.

ET AUSSI…
Si un enfant ne veut pas danser avec le groupe, vous pouvez lui demander de vous assister dans le rôle de chatouilleur. Ça amuse souvent les enfants récalcitrants et ça peut aider à les détendre !

LA DANSE BRÉSILIENNE

ENVIRON 5 MIN : LE TEMPS D'UNE CHANSON
UN MANCHE À BALAI - DE LA MUSIQUE

— J'ai un manche à balai, comme vous pouvez le voir. Savez-vous à quoi il va servir ?

— Noonnn !

— C'est très simple, vous allez vous mettre en file indienne : les uns derrière les autres, devant moi. Je vais tenir le balai très haut. Et vous allez passer dessous en dansant. À chaque nouveau passage, je vais baisser le manche à balai, ce qui va rendre votre passage en dessous de plus en plus difficile. C'est compris ?

— Ouiiiii !

— C'est parti, on appelle la musique : « La musique, la musique, la musique ! » Restez bien en file indienne et passez les uns après les autres.

BON À SAVOIR

Demandez aux enfants de passer sous le balai en regardant le plafond. Bien entendu, les petits (4 ou 5 ans) ne passent sous le balai, en regardant le plafond, que le premier tour. Ensuite, ils se contenteront de passer sous le balai ! Mais le jeu les amusera tout autant. Ça peut vite devenir la cohue. Alors n'hésitez pas à arrêter les enfants et à les réinstaller les uns derrière les autres. Faites descendre le balai jusqu'au ras du sol (8 à 10 cm du sol). Ils adorent devoir s'allonger par terre et ramper.

ET AUSSI...

Ce jeu fonctionne, quel que soit l'âge. Mais, bien sûr, il est plus facile de passer sous le balai, en regardant le plafond, à 7 ans qu'à 4 ans.

L'OUVERTURE DES CADEAUX

ENVIRON 10 MIN, JUSTE AVANT DE PARTIR

— Nous allons maintenant ouvrir les cadeaux de Félix ! J'aimerais que Félix vienne s'asseoir à côté de moi et que vous vous asseyiez tous en face de nous. C'est parti !

— Ouahhhh, un puzzle ! Merci, Margaux !

— Félix, tu veux faire un bisou à Margaux ?

— Ouiiii…

BON À SAVOIR

Évidemment, il est parfois difficile de maintenir les enfants assis : ils veulent tous voir les cadeaux, tous offrir leur cadeau les premiers… Maintenir le calme à ce moment de la journée est assez difficile !

ET AUSSI…

S'il y a des cadeaux pour les petits invités, donnez-les sur le pas de la porte, quand tout le monde est prêt à partir.

LES JEUX
POUR L'ANNIVERSAIRE
DE MES 3 ANS

JEU 1

LA COURSE DES ANIMAUX

MOINS DE 10 MIN

— Tout le monde au poulailler !!! (Les enfants se dirigent contre un mur ou un meuble désigné.) Je vais vous faire faire la course !

— Ooooooh !

— Comme c'est un peu facile, je vais vous donner des contraintes. Pour le premier tour, j'aimerais que vous fassiez la course en sautant comme des kangourous. Le premier qui me touche gagne ! Vous êtes prêts ?

— Ouiiiii !

— Bravo ! Pour le deuxième tour, j'aimerais que vous galopiez comme des chevaux.

BON À SAVOIR

À chaque nouveau tour, vous pouvez leur proposer de varier les pas. Aux enfants d'avancer en sautant accroupis comme des grenouilles, à reculons, en se donnant la main deux par deux, à pas de souris, à saut de lapin… Assurez-vous, en leur demandant de vous montrer, que tout le monde comprend.

ET AUSSI…

À 3 ans, les enfants sont tout petits. C'est inévitable si, très vite, les pas normaux prennent le dessus ou s'ils n'y arrivent pas !

JEU 2

LES KANGOUROUS ET LES LAPINS

MOINS DE 10 MIN

— Nous allons faire le jeu des kangourous et des lapins. Connaissez-vous ce jeu ?

— Nooonnn !

— Je vais choisir un enfant qui sera un kangourou. Il imitera la démarche d'un kangourou et devra essayer d'attraper les autres enfants qui seront des lapins. Les lapins se déplaceront en faisant des sauts de lapin. Tous les lapins attrapés deviennent des kangourous et se déplacent alors comme des kangourous. Le lapin qui n'a pas été touché a gagné. C'est compris ?

— Ouiiiii !

— Montrez-moi comment sautent les kangourous ! Bravo ! Et comment sautent les lapins ? Bravo !

— Félix, tu es le premier kangourou,

tu te déplaces en faisant des sauts de kangourou. Les autres, vous êtes des lapins, vous vous déplacez en sautant comme des lapins ! C'est parti, sautez !

BON À SAVOIR

Si vous le souhaitez, changez le nom du jeu et donnez d'autres noms d'animaux, comme « La grenouille et les sauterelles » ou « Le chat et les souris ». L'essentiel est de les faire se déplacer avec des démarches d'animaux.

ET AUSSI...

Comme dans le jeu précédent, c'est inévitable si les pas normaux prennent le dessus ou si les enfants n'arrivent pas à faire la totalité du jeu en imitant un animal !

JEU 3
LES PETITS POISSONS

10 À 15 MIN

— Approchez-vous de moi et asseyez-vous. Je vais vous apprendre le jeu des petits poissons. Je vais désigner un pêcheur, qui va faire un filet avec moi, les bras en l'air. Les autres enfants sont des poissons. Les pêcheurs vont crier : « Les petits poissons, les petits poissons » et compter : « 1, 2, 3, 4, 5. » (C'est à vous de déterminer ce nombre en secret avec les pêcheurs.) Pendant ce temps, les poissons passent sous les bras des pêcheurs. Tout à coup, les pêcheurs baissent les bras : s'ils attrapent un poisson, il devient pêcheur. Le gang des pêcheurs s'agrandit et celui des poissons diminue. Le dernier poisson en liberté a gagné et, au prochain tour, il sera le premier pêcheur. Est-ce que c'est compris ?

— Ouiiiii !

— Alors tout le monde debout. Félix, tu es le premier pêcheur, viens avec moi. **(Vous faites une ronde, main levée, avec le pêcheur.)** Les poissons, dispersez-vous dans l'océan !

— En chuchotant : Félix, on compte jusqu'à 3.

— C'est parti : « Les petits poissons, les petits poissons, 1, 2, 3. » **(Baissez les bras et félicitez les terribles requins qui ont réussi à vous échapper et les petits poissons qui sont maintenant de redoutables pêcheurs.)**

BON À SAVOIR

Vous pouvez faire ce jeu 4 ou 5 fois de suite, les enfants l'adorent !

JEU 4

LE JEU DES GRIMACES

MOINS DE 10 MIN

— Approchez-vous de moi, nous allons nous donner la main et faire une ronde. Maintenant, j'aimerais que tout le monde s'asseye. 1, 2, 3, tout le monde par terre. Savez-vous faire des grimaces ?

— Ouiiiii !

— L'un d'entre vous peut-il me montrer une grimace terrifiante ? Bravo, Félix, c'est effrayant ! Je vais faire une grimace et mon voisin va essayer de l'imiter le mieux possible. Puis son voisin va essayer à son tour de l'imiter, et ainsi de suite jusqu'à moi. Vous êtes prêts ?

— Ouiiiii !

— À la fin, on compare les grimaces de départ et d'arrivée !

BON À SAVOIR

Vous pouvez faire plusieurs tours. À chaque nouveau tour, un nouvel enfant peut faire la grimace de départ. Vous pouvez leur proposer une émotion, comme la joie, la peur ou la surprise, ou imiter des animaux, comme le lion, le poisson ou le lapin.

ET AUSSI…

Après ce jeu, il est temps de faire goûter les enfants (voir p. 90). Après le goûter, un jeu calme pour récupérer les petits invités, « Mes chansons à moi » (voir p. 91). Les enfants de 3 ans laissent entendre un filet de voix. N'hésitez pas à les aider à chanter et à suggérer des chansons. C'est un très joli moment !

JEU 5

LOUP, Y ES-TU ?

10 À 15 MIN

— Asseyez-vous tous devant moi. Connaissez-vous cette chanson : « Promenons-nous dans les bois tant que le loup n'y est pas. Si le loup y était, il nous mangerait, mais comme il n'y est pas, il ne nous mangera pas ! Loup, y es-tu ? Que fais-tu ? M'entends-tu ? »

— Ouiiiii !

— Alors, Félix, tu es notre premier loup, tu te caches derrière le rideau (ou l'arbre). Nous allons chanter la chanson en nous promenant pendant que tu fais semblant de t'habiller. Chaque fois qu'on a fini de chanter, tu nous réponds et tu nous dis quel vêtement tu es en train de mettre. Quand tu as fini de t'habiller, tu surgis de ta cachette pour venir nous manger ! C'est parti !

— Promenons-nous dans les bois tant que le loup n'y est pas. Si le loup y était, il nous mangerait, mais comme il n'y est pas, il ne nous mangera pas ! Loup, y es-tu ? Que fais-tu ? M'entends-tu ?

— Félix répond : « Je mets ma chemise. » (Aidez-le si nécessaire !)

— Promenons-nous dans les bois tant que le loup n'y est pas…

— Félix répond : « Je mets mon pantalon… mes bottes, j'arrive et je vais vous manger tout cru. »

(Il essaie alors d'attraper ses copains.)

Lorsqu'un copain est attrapé, il devient loup à son tour !

BON À SAVOIR

Une fois ce jeu terminé, vous pouvez jouer aux « Statues musicales » le temps de deux ou trois chansons (voir p. 92). Les enfants sont petits. Pour la première chanson, vous pouvez faire une ronde et vous asseoir de manière à bouger assis !

JEU 6

LE PONT DES CROCODILES

MOINS DE 10 MIN - DES COUSSINS - DU SCOTCH

— Savez-vous jouer au « pont des crocodiles » ?

— Nooonnn !

— Je vais disposer des coussins de part et d'autre de cette bande de scotch (ou une ligne de livres). Imaginez que ces coussins sont des crocodiles et qu'il faut traverser le pont (ou une longue ligne droite) sans vous faire croquer !!

— Mettez-vous en file indienne et passez les uns après les autres. Lorsque le premier a franchi le pont, le deuxième peut partir.

BON À SAVOIR

Si c'est trop facile, ajoutez un coussin sur leur tête et/ou dans chaque main !

ET AUSSI...

Un dernier jeu avant « L'ouverture des cadeaux » (voir p. 94) : « La danse brésilienne » (voir p. 93).

LES JEUX POUR L'ANNIVERSAIRE DE MES 4 ANS

JEU 1

UN, DEUX, TROIS, SOLEIL !

MOINS DE 10 MIN

— Tout le monde au poulailler. (Les enfants se dirigent contre un mur ou un meuble désigné.) Je vous explique. Je désigne un soleil, il crie : « Un, deux, trois, soleil » en fixant le mur. Pendant ce temps, vous avancez en imitant une démarche que je vous montre. Lorsque le soleil dit : « Soleil », il se retourne. Vous devez alors vous être transformés en statues. Si vous bougez, vous retournez au poulailler. Le premier qui touche le soleil hurle : « Soleil » et devient soleil à son tour. Vous êtes prêts ?

— Ouiiiii !

BON À SAVOIR

À chaque nouveau soleil, vous pouvez varier les pas et vous assurer, en leur demandant de vous montrer, que tout le monde les connaît. Aux enfants d'avancer à saut de lapin, à pas de géant, à pas chassés, à reculons…

ET AUSSI…

Afin de les faire rigoler et pour pimenter le jeu, vous pouvez les chatouiller pour vérifier qu'ils sont de vraies statues. Ça peut également aider un enfant timide ou récalcitrant : transformez-le en assistant chatouilleur !

JEU 2

LE JEU DU FACTEUR

MOINS DE 10 MIN - UN FOULARD

— Nous allons faire une ronde et nous asseoir en tailleur. 1, 2, 3, tout le monde par terre ! Vous connaissez tous la chanson du facteur ? On répète pour être sûr : « Le facteur n'est pas passé, il ne passera jamais. Lundi, mardi, mercredi, jeudi, vendredi, samedi, dimanche. » Je vais désigner un facteur. Adrien, voici la lettre (c'est le foulard) à déposer derrière le dos de celui qui chante le mieux, avant la fin de la chanson. Celui qui a la lettre devra attraper Adrien pendant qu'il court autour de la ronde. Adrien, tu es prêt ?

— Ouiiiii !

— Alors, à 3, vous fermez les yeux et vous commencez à chanter. 1, 2, 3 : « Le facteur n'est pas passé… »

— Le facteur est passé ! Jules, regarde derrière toi, la lettre est pour toi, il faut que tu rattrapes Adrien.

— Adrien, cours et va vite t'asseoir à la place de Jules. On les encourage : « Allez, Jules »…

— Ce n'était pas mal, mais un peu facile ! Pour corser les choses, nous allons changer de voix. Si nous prenions une voix de canard ? Savez-vous parler comme un canard ? Il suffit de se pincer le nez. Jules, n'oublie pas de déposer la lettre derrière le dos de celui qui chante le mieux comme un canard ! On ferme les yeux : 1, 2, 3 : « Le facteur n'est pas passé… »

BON À SAVOIR

Changez de voix à chaque tour : les enfants adorent ! Ils peuvent imiter la voix d'une princesse, d'un robot, d'un ogre, d'une souris, d'une cantatrice… Faites-leur répéter la voix avant chaque tour. Montrez-leur comment faire ces voix en mettant le ton : ça ne manquera pas de les faire rigoler et ils imiteront les voix encore mieux !

JEU 3

LE CADEAU MUSICAL

10 À 15 MIN - UN PETIT CADEAU EMBALLÉ DANS QUATRE COUCHES DE PAPIER - DE LA MUSIQUE

— Tout le monde debout. Refaisons une ronde et asseyons-nous. Savez-vous ce qu'est quelqu'un d'étourdi ? Je pense avoir été un peu tête en l'air ce matin : j'ai emballé un petit cadeau, mais je n'ai aucun souvenir du nombre de couches de papier que j'ai utilisées. Vous voulez me donner votre avis. Attention, on ne l'ouvre pas !

— Il y a au moins 100 couches de papier !

— Je vous propose de vérifier. Nous allons appeler la musique et faire passer le cadeau de main en main, très vite, comme s'il s'agissait d'une « patate chaude ». Lorsque la musique s'éteindra, celui qui a le cadeau entre les mains pourra enlever une couche de papier. Vous êtes prêts ?

— Ouiiii !

— Appelons la musique : « La musique, la musique, la musique ! »

BON À SAVOIR

À chaque nouveau tour, changez de chanson. Pour le premier tour, contentez-vous de faire passer le cadeau de main en main. Les enfants oublient souvent de le donner… Pour le deuxième tour, demandez-leur de se passer le cadeau et d'imiter vos mouvements. Faites des mouvements simples, comme taper dans les mains, dire au revoir, faire des rouleaux avec les bras, se taper sur les jambes… Et éteignez la musique. Pour le troisième tour, vous pouvez tous vous lever et faire des mouvements comme sauter, conduire une voiture, faire l'avion, lever une jambe puis l'autre… Pour le dernier tour, l'idéal est que la musique s'éteigne sur l'enfant qui fête son anniversaire.

ET AUSSI…

Si les enfants sont grands et habiles, faites les mouvements debout dès le premier tour. N'hésitez pas à leur rappeler de donner le cadeau à leur voisin et de suggérer pour les réveiller que le cadeau sera pour vous. Et rappelez-leur de ne pas lancer le cadeau !

JEU 4

MES PERSONNAGES PRÉFÉRÉS

10 À 15 MIN - UNE POCHETTE
UNE DIZAINE D'IMAGES TROUVÉES SUR INTERNET

— J'aimerais que tout le monde s'asseye devant moi. Quels sont vos dessins animés préférés ?

— Totoro, Mowgli, Les Aristochats…

— J'ai dans cette pochette des images de vos personnages préférés. Je vais vous demander de tirer votre langue **(mimez toute l'action en même temps que vous l'expliquez)**, d'avaler votre langue et de fermer votre bouche. Maintenant, je vais vous distribuer des clés magiques **(lancez des clés invisibles)**. Tout le monde a une clé ? Prenez votre clé, fermez votre bouche à clé et jetez la clé.

— Adrien, viens à côté de moi. Je vais mettre un personnage dans ton dos. Tu vas te tourner et montrer l'image à tes copains, puis tu vas leur poser des questions qui te permettront de deviner qui est ce personnage. Attention, les réponses à tes questions ne peuvent être que oui ou non. Tout le monde met la main devant la bouche et pas un mot !

— C'est une fille ? Habite-t-elle dans la forêt ? A-t-elle des super pouvoirs ?

(Il faudra l'aider à poser les questions.)

— Bravo, voici l'image. Qui veut remplacer Adrien ?

BON À SAVOIR

Et ainsi de suite, jusqu'à épuisement des enfants ou du stock d'images ! Évidemment, vous pouvez les piéger : mettre Blanche-Neige dans le dos d'un garçon et Spiderman dans le dos d'une fille. Ça les fait beaucoup rigoler !

ET AUSSI…

Évidemment, il est très rare que les copains tiennent plus de deux questions sans donner la réponse. Dans ce cas, recommencez en changeant d'image. Il est également très rare que les enfants trouvent des questions seuls. Souvent par timidité, ils n'osent pas poser les questions. Soufflez-leur à l'oreille ou posez-les à leur place **(évidemment, vous connaissez la réponse)** !

JEU 5

LE COLIN-MAILLARD MUSICAL

10 À 15 MIN - UN FOULARD - DE LA MUSIQUE

— Nous allons maintenant jouer à colin-maillard. Je vais bander les yeux de l'un d'entre vous avec ce foulard, il sera le loup. Je vais mettre de la musique. Les autres, les petites souris, vont lui tourner autour en dansant. Interdiction de s'éloigner, mais il faut éviter d'être touché. Lorsque la musique s'arrête, tout le monde se transforme en statue. Le loup doit alors trouver quelqu'un et essayer de le reconnaître en lui touchant le visage. S'il est reconnu, il deviendra loup à son tour. Est-ce que vous êtes prêts ?

— Ouiiiiii !

— Alors, tout le monde debout. Adrien, approche-toi de moi, je te bande les yeux. Je te fais tourner sur toi-même **(un tout petit peu)** pour que tu sois un peu perdu ! Appelons la musique : « La musique, la musique, la musique ! » Les petites souris sont priées de danser autour d'Adrien !

BON À SAVOIR

Pendant le jeu, il faudra aider le loup à attraper une souris **(il n'est pas capable, les yeux bandés, d'avancer seul)** et l'aider à reconnaître sa prise ! À chaque nouveau tour, on peut changer de chanson ! Et on peut le faire tant qu'ils en redemandent ! Ils aiment tous l'idée d'avoir les yeux bandés et de devoir trouver un copain.

ET AUSSI...

Les enfants enlèvent souvent le foulard aussitôt après avoir attrapé une proie.

JEU 6

AIR TERRE MER

10 MIN

— Nous allons refaire une ronde et nous asseoir en tailleur. 1, 2, 3, tout le monde par terre ! Connaissez-vous des animaux qui vivent sur la terre ?

— Un chat, un mouton…

— Oui, c'est ça. Il y en a plein d'autres. Connaissez-vous des animaux qui vivent dans les airs ?

— Un hibou, un papillon, une hirondelle…

— Bravo ! Connaissez-vous des animaux qui vivent dans la mer ?

— Un requin, un poisson clown, une anémone…

— C'est exactement ça ! Alors, vous allez me donner à tour de rôle le nom d'un animal vivant sur la terre, dans les airs ou dans la mer. Mais il faut bien écouter ce que disent vos copains, car il ne faut jamais répéter deux fois le même nom d'animal ! C'est parti, Adrien, tu es à ma droite, je commence par toi. J'aimerais que tu me donnes le nom d'un animal qui vit sur la terre.

— Un chien.

— Louison : un animal qui vit dans les airs ?

BON À SAVOIR

Le but est, bien entendu, d'aller le plus vite possible et de pousser les enfants à se concentrer. Il se peut qu'ils répètent les réponses précédentes. Ce n'est pas grave : il suffit de les reprendre et de recommencer.

ET AUSSI…

Après ce jeu, il est temps de faire goûter les enfants (voir p. 90). Après le goûter, un jeu calme pour récupérer les petits invités…

JEU 7

LES CHAISES QUI FONT DES BISOUS

10 MIN

— Faisons une ronde et asseyons-nous en tailleur. Savez-vous faire des bisous (mimez un bisou) et pincer les fesses (mimez un pincement dans l'air)?
Je vais désigner deux chaises gentilles (à déterminer en fonction du nombre d'enfants) qui font des bisous.
Les autres seront des chaises méchantes qui pincent les fesses.

— Oooooh!

— Je vais désigner un détective qui sera dans la pièce d'à côté pendant que je choisis les chaises gentilles et méchantes. Emma, tu es le premier détective, tout le monde dit: «Détective dehors, détective dehors! » Qui veut être une chaise gentille?

— Pour accueillir le détective, on lui fait tous des faux bisous et on pince l'air avec les mains.

— « Détective, détective, détective! »

— Emma, tu dois t'asseoir sur les chaises pour découvrir si elles sont gentilles ou méchantes.
Tu gagnes quand tu as trouvé une chaise gentille.

— Ninon, tu es la chaise gentille trouvée, tu es notre nouveau détective: « Détective dehors... »

BON À SAVOIR

Encouragez le détective à s'asseoir sur les genoux de ses copains ou sur les vôtres pour gentiment lui pincer les fesses. Continuez jusqu'à ce qu'il trouve. Si les enfants sont très nombreux, n'hésitez pas à désigner plus de deux chaises gentilles.

ET AUSSI...

Les enfants adorent les jeux de ronde; ils souhaitent tous être désignés comme détective au moins une fois. Ils prennent un malin plaisir à prononcer la phrase: « Détective dehors! ». C'est comme si un interdit était levé. N'hésitez pas à la leur faire répéter plusieurs fois.

JEU 8

JACQUES A DIT…

10 MIN

— Maintenant, nous allons jouer à « Jacques a dit… »

— Ooooohhhh.

— Vous ne devez obéir que si l'ordre est précédé de la formule « Jacques a dit ». Par exemple : « Jacques a dit : touchez-vous le nez » marche, « sautez sur place » sans « Jacques a dit » ne marche pas du tout ! Si l'un d'entre vous exécute un ordre qui n'est pas précédé de « Jacques a dit », il sera éliminé.
Le dernier qui reste gagne et devient le nouveau « Jacques ».
Vous avez compris ?

— Ouiiiiiii !

— Je commence : « Jacques a dit : tout le monde debout ! »

BON À SAVOIR

Voici des ordres que vous pouvez faire exécuter : sauter, sauter à cloche-pied, courir, courir sur place ; se toucher les pieds, les cuisses, les épaules ou la tête ; tourner, lever les bras ou les jambes ; faire la poule, le singe ou le lion ; chanter « Une souris verte », compter très vite jusqu'à 5, etc.

ET AUSSI…

Vous pouvez aussi renommer le jeu et remplacer « Jacques » par le prénom de l'enfant fêté.

JEU 9

LES CHAISES MUSICALES

10 MIN - DES SERVIETTES EN PAPIER - DE LA MUSIQUE

— Faisons une ronde en nous tenant les mains. Maintenant, lâchons-nous les mains. Nous sommes 8 et je vais mettre devant vous 7 serviettes en papier (installez les serviettes en les dépliant).

— Ooooohhhhhhh !!!!

— Nous allons appeler la musique. Lorsque la musique commencera, vous allez tourner autour de la ronde de serviettes. Lorsque la musique s'arrêtera, il faut que vous vous asseyiez sur une serviette. Celui qui n'est pas assis sur une serviette va au centre de la ronde. Est-ce que vous êtes prêts ?

— Ouiiiiiiii !!!

— Alors, c'est parti : « La musique, la musique, la musique ! » **(Encouragez les enfants à danser en marchant, et arrêtez la musique.)**

— Ooooohhh, Félix, tu es éliminé, tu peux aller au centre et encourager tes copains !

BON À SAVOIR

À chaque nouveau tour, enlevez une serviette et aidez-les à s'encourager. Vous pouvez leur faire faire des gestes simples, comme taper dans les mains ou dire au revoir. Lorsqu'il y a trop d'enfants au centre de la ronde, demandez aux éliminés de faire une ronde autour de ceux qui continuent les chaises musicales.
Si vous avez des chaises, évidemment ça marche aussi !

ET AUSSI...

Vous pouvez faire un dernier jeu avant l'ouverture des cadeaux : « La danse brésilienne » (voir p. 93). Après « L'ouverture des cadeaux » (voir p. 94), s'il vous reste un peu de temps, n'hésitez pas à récupérer votre petite troupe et à lui faire chanter « Mes chansons à moi » (voir p. 91).

LES JEUX POUR L'ANNIVERSAIRE DE MES 5 ANS

JEU 1

UN, DEUX, TROIS, GRIMACES !

10 MIN

— Tout le monde au poulailler (les enfants se dirigent contre un mur ou un meuble désigné). Nous allons jouer à « Un, deux, trois, grimaces ! » C'est comme « Un, deux, trois, soleil » en beaucoup plus dur !

— Oooohhhh !

— Je désigne un maître grimace. Il crie : « Un, deux, trois, grimaces ! » en fixant le mur. Pendant ce temps, vous avancez en faisant la démarche que je vous indique. Lorsque le maître grimace dit : « Grimace », il se retourne. Vous devez alors vous être transformés en statues grimaçantes. Si vous bougez ou si vous ne faites pas de grimace, vous retournez au poulailler. Le premier qui touche le maître grimace hurle : « Grimace » et devient maître grimace à son tour. Vous êtes prêts ?

— Ouiiiiii !

— Jules, tu es le premier maître grimace. Pour ce premier tour, vous allez imiter la démarche d'une souris. N'oubliez pas de faire une grimace !

BON À SAVOIR

À chaque nouveau tour, vous pouvez varier les pas et vous assurer, en leur demandant de vous montrer, que tout le monde les connaît. Aux enfants d'avancer à cloche-pied, à saut de lapin, à pas de canard, à pas de géant, à pas chassés, à reculons…

ET AUSSI…

Pour les faire rigoler et pimenter le jeu, vous pouvez les chatouiller pour vérifier qu'ils sont de vraies statues.
Ça peut également aider un enfant timide ou récalcitrant : transformez-le en assistant chatouilleur !

JEU 2

LE TÉLÉPHONE ARABE

10 MIN

— Nous allons faire une ronde et nous asseoir en tailleur. 1, 2, 3, tout le monde par terre ! Nous allons jouer au « téléphone arabe ».
— Oooooohhh.
— Je vais chuchoter à l'oreille de mon voisin une phrase qu'il devra chuchoter à l'oreille de son voisin. Et ainsi de suite jusqu'à ce que la phrase soit chuchotée à l'oreille du dernier joueur. Le dernier joueur doit alors dire tout haut la phrase qu'il a entendue. Je vous dirai alors ce qu'était la phrase de départ et nous verrons à quel point la phrase a été transformée pendant le « téléphone arabe ». Vous êtes prêts ?
— Ouiiiiii !
— Répétez à votre voisin en chuchotant ce que vous avez entendu !
C'est parti.
— En chuchotant : « Aujourd'hui, pour l'anniversaire de Félix, j'ai mis ma robe rose, mes souliers blancs et ma couronne de princesse. »

BON À SAVOIR
Pour chaque nouveau tour, vous pouvez désigner un nouveau meneur de jeu.

ET AUSSI...
Vous pouvez maintenant faire un jeu en musique et jouer au « Cadeau musical » (voir p. 104).

JEU 3

LA CONSTITUTION DES ÉQUIPES

10 MIN

— Nous allons constituer deux équipes. Tout le monde contre le mur. Félix, tu es mon premier chef d'équipe. Viens à côté de moi. J'aimerais que tu choisisses le chef de l'autre équipe. Il ne sera donc pas dans ton équipe !

— Jeanne !

— Donc, Jeanne, tu es chef d'équipe. Félix et Jeanne vont vous appeler les uns après les autres et vous vous mettrez en file indienne derrière votre chef !

— Maintenant que les équipes sont constituées, j'aimerais que chaque équipe s'asseye d'un côté de la pièce, en ligne, face à face. Vous allez maintenant chercher un nom d'équipe. Par exemple, l'équipe de Félix, vous pourriez vous appeler les « champions » ou les « tigres » ?

— Maintenant que vous avez un nom, il vous faut un cri de guerre ! Vous pouvez mettre vos mains les unes sur les autres et hurler : « 1,2,3, vive les champions ! » Le but est d'impressionner l'équipe adverse !

— L'équipe de Jules, ça donne quoi ?

— « 1,2,3, vive les champions ! »

— L'équipe adverse répond…

— « Ouououououou !!! »

— On recommence : « 1,2,3, vive les champions ! »

— Bravo ! À l'autre équipe !!!

BON À SAVOIR

À chaque étape de la constitution des équipes, il vous faut aider les enfants pour qu'ils trouvent un nom et un cri de guerre. Si vous êtes un adulte par équipe, c'est évidemment plus simple, mais seul, c'est faisable !

JEU 4

LE BÉRET MUSICAL

10 MIN - UN FOULARD - DE LA MUSIQUE

— Nous allons maintenant faire des jeux d'équipe! Restez assis où vous êtes, je vais vous donner un numéro à chacun, qu'il faudra retenir.
— Je vais mettre au centre de la pièce un foulard. Je vais appeler un numéro, le n° 1 par exemple. J'aimerais que le n° 1 de chaque équipe se lève et tourne autour du foulard, les mains derrière le dos. Je vais allumer la musique. Lorsque je l'éteins, il faut essayer d'attraper le foulard avant votre adversaire et vite retourner vous asseoir à votre place. Si celui qui a le foulard est touché par son adversaire avant d'atteindre son équipe, c'est l'adversaire qui gagne le point.
La première équipe qui a 3 points gagne la manche!
— Vous êtes prêts?
— Ouiiiiiiiii!
— J'allume la musique. Ne prenez le foulard que lorsque je l'éteins la musique. En attendant, tournez autour du foulard. C'est parti! Et les autres, encouragez votre équipier: « Allez Félix, allez Jeanne! »

BON À SAVOIR
Lors de la distribution des numéros, vous pouvez faire répéter plusieurs fois aux enfants leur numéro.

ET AUSSI...
N'hésitez pas à leur montrer comment tourner autour du foulard, les mains dans le dos, comment attraper le foulard et comment toucher l'adversaire: n'hésitez pas, lors du premier tour, à faire le jeu avec les enfants.
Appelez les numéros un par un.
À la fin, vous pouvez appeler deux numéros en même temps.
En en appelant plus, vous risquez de déclencher une vraie cohue...

JEU 5

LES MIMES PAR ÉQUIPE

15 MIN

— Bravo ! J'aimerais que vous restiez à vos places. Savez-vous faire des mimes ?
— Ouiiiii ! Nooonnnnn !
— Je vais chuchoter à l'un d'entre vous un nom d'animal, de personnage ou d'objet, et vous allez devoir le faire deviner à vos copains en faisant des gestes sans parler !
— Oooooohhh !
— Je vais choisir une personne de chaque équipe à tour de rôle. La première équipe qui trouve ce qui est mimé gagne 1 point. Jules, viens à côté de moi, tu vas mimer un tigre. Bravo !! Jeanne, c'est ton tour.

BON À SAVOIR
Des animaux d'abord : une poule, un lion, un serpent, un éléphant, un kangourou, un chat, une grenouille, un cheval, une tortue, un loup, un singe, une souris, un poisson… Puis une action : conduire une voiture, piloter un avion, skier, faire du skate-board, s'occuper d'un bébé, se réveiller, jouer au tennis, boxer, jouer du violon, danser, pleurer… Si c'est trop facile, des métiers ou des personnages : un jongleur, un docteur, une maîtresse, un Indien, un cow-boy, Blanche-Neige, la Belle au bois dormant, Peter Pan, Spiderman…

ET AUSSI…
Si les enfants sont peu nombreux, vous pouvez faire le même jeu, mais pas en équipe. Si vous êtes en équipe et que vous avez oublié de retenir les points, ce n'est pas grave !

JEU 6

UNE SÉRIE DE JEUX D'ADRESSE

15 MIN - DEUX BALLONS DE BAUDRUCHE

— Bravo ! Pour vous départager, nous allons faire une série de jeux d'adresse. Mettez-vous en file indienne derrière votre chef d'équipe, en face de moi. J'ai deux ballons. Je vais en donner un à chaque chef d'équipe. Vous allez devoir vous donner ce ballon en le passant entre vos jambes le plus vite possible. Le premier ballon qui a fait un aller-retour gagne la partie. C'est compris ?

— Ouiiiiii !

— Bravo ! Maintenant, vous allez faire la même chose en vous donnant le ballon par-dessus vos têtes. C'est parti ?

— Ouiiiiii !

— Bravo ! Maintenant, le premier fait passer le ballon sous ses jambes, le deuxième au-dessus de sa tête, le troisième sous ses jambes, le quatrième au-dessus de sa tête, et ainsi de suite. Comme un zigzag de haut en bas. C'est parti ?

— Ouiiiiii !

— Bravo ! Maintenant, donnez-moi les ballons. Écartez bien les jambes. Le dernier de chaque file va passer sous les jambes de ses copains. Lorsqu'il est arrivé en début de file, le nouveau dernier doit passer sous les jambes à son tour, et ainsi de suite jusqu'à ce que le chef d'équipe soit de nouveau le premier. C'est parti ?

— Ouiiiiii !

— Bravo ! Vous voulez refaire un tour ?

BON À SAVOIR

Après ce jeu, il est temps de faire goûter les enfants (voir p. 90). Après le goûter, un jeu calme pour récupérer les petits invités…

JEU 7

NI OUI NI NON

10 MIN

— Faisons une ronde et asseyons-nous en tailleur. Je vais désigner l'un d'entre vous. Il va aller au centre de la ronde. Nous allons lui poser, chacun notre tour, tout un tas de questions. Les plus diverses possible. Il ne devra en aucun cas répondre ni par oui ni par non. C'est le jeu du « Ni oui ni non ». Le silence et les gestes ne comptent pas comme réponse ! Vous êtes prêts ?

— Ouiiiiii !

— Alors Jeanne, viens au centre de la ronde. Est-ce que tu t'amuses bien ?

BON À SAVOIR

Poussez les enfants à poser plein de questions pour déstabiliser l'enfant placé au centre de la ronde. N'hésitez pas à les aider à alterner les questions qui appellent des réponses normales et des questions qui appellent le oui ou le non.

ET AUSSI...

Vous pouvez maintenant jouer à « Loup, y es-tu ? » (voir p. 99).

JEU 8

L'ASSASSIN

10 MIN

— Faisons une ronde et asseyons-nous en tailleur. Savez-vous faire des clins d'œil ? C'est comme ça. Je vais désigner un détective qui va sortir de la pièce pendant que je choisis un « assassin » qui va tuer ses victimes en faisant des clins d'œil ! Louison, tu es notre premier détective.

— Tout le monde dit : « Détective dehors ! Détective dehors ! »

— Emma, tu es notre premier assassin. Tu fais des clins d'œil à tous ceux qui te regardent, ceux qui sont touchés s'allongent et font semblant de dormir. C'est compris ?

— Ouiiiii !

— Emma, ne commence pas avant que je te donne le top départ.

— Appelons le détective : « Détective, détective, détective ! »

— Louison, viens au centre de la ronde. Il faut que tu trouves l'assassin avant que nous soyons tous morts ! Assassin, tu peux commencer.

L'assassin devient le détective…

BON À SAVOIR

Les enfants arrivent rarement à faire des clins d'œil, généralement ils clignent des deux yeux.

ET AUSSI

Vous pouvez maintenant jouer aux « Statues musicales » (voir p. 92). Les enfants ont désormais 5 ans : pour la deuxième ou troisième session de statues, vous pouvez vous amuser à éteindre la musique toutes les 10 secondes pendant 1 minute, surtout lorsque vous leur avez demandé de se transformer en serpent ou en croco !

JEU 9

LE CHEF D'ORCHESTRE

10 MIN

— Faisons une ronde et asseyons-nous en tailleur. Savez-vous jouer de différents instruments de musique comme le piano, la flûte, la guitare (mimez les gestes en les disant) ? Savez-vous faire ce type de gestes (taper dans les mains, sur les jambes, sur les épaules, sur les fesses ou sur le sol, remuer les mains en l'air…) ? Est-ce que l'un d'entre vous est capable de faire ces gestes et d'en changer très souvent ?

— Ouiiiii !

— Alors, je vais faire sortir de la ronde un détective et désigner un chef d'orchestre que tout le monde devra imiter. Jules, tu es le premier détective : va te cacher dans la pièce d'à côté. En revenant, tu devras trouver qui est le chef d'orchestre.

— On dit : « Détective dehors, détective dehors ! »

— Lou, tu es notre premier chef d'orchestre. Il ne faut rien dire à Jules. Lou, tu peux commencer les mouvements, nous allons faire comme toi. En faisant les gestes, appelons le détective : « Détective, détective, détective ! » Jules, viens au centre de la ronde et reste debout. Il faut que tu découvres notre chef d'orchestre !

— C'est Lou ?

— Bravo !!! Lou, tu es notre nouveau détective : « Détective dehors, détective dehors ! »

BON À SAVOIR

Le chef d'orchestre oublie souvent de changer de mouvement. Sans le regarder ni le nommer, il faut lui rappeler de le faire.

ET AUSSI…

Vous pouvez maintenant faire un dernier jeu avant l'ouverture des cadeaux : « La danse brésilienne » (voir p. 93). Après « L'ouverture des cadeaux » (voir p. 94), s'il vous reste un peu de temps, n'hésitez pas à récupérer votre petite troupe et à lui faire chanter « Mes chansons à moi » (voir p. 91).

LES JEUX POUR L'ANNIVERSAIRE DE MES 6 ANS

JEU 1

DRÔLES DE GRIMACES

10 MIN

— Nous allons faire une ronde et nous asseoir en tailleur. 1, 2, 3, tout le monde par terre ! L'un d'entre vous peut-il me montrer une grimace terrifiante ? C'est pas mal. Nous allons jouer à « drôles de grimaces ». Je vais faire une grimace à mon voisin et mon voisin va essayer de l'imiter le mieux possible. Puis son voisin va essayer à son tour de l'imiter, et ainsi de suite jusqu'à moi. C'est assez simple ?

— Ouiiii !

— Je vais juste compliquer un peu les choses. Il vous est interdit de rire ou de sourire lorsque l'on vous fait la grimace. Lorsque la dernière grimace est faite, on compare la grimace de départ et celle de l'arrivée.

— Vous êtes prêts ?

BON À SAVOIR

Vous pouvez faire plusieurs tours. À chaque nouveau tour, un nouvel enfant peut faire la grimace de départ. Vous pouvez aussi leur proposer une émotion de départ, comme la joie, la peur ou la colère, ou un animal comme, le lion, le poisson ou l'éléphant. Vous pouvez aussi, sur votre lancée, faire une variante en leur proposant un « Téléphone arabe » : il suffira de chuchoter une phrase (voir p. 113).

JEU 2

DANS MA MAISON SOUS TERRE

10 MIN

— On reste assis, mais on change de jeu. Tournez vos paumes vers le ciel. En gardant vos paumes vers le ciel, mettez votre main droite sur la paume gauche de votre voisin. Avec ma main droite, je tape la main droite de mon voisin. Lorsque sa main a été tapée, sa main peut taper la main de son voisin, et ainsi de suite. On tape gentiment, bien sûr. Nous allons nous entraîner. Vous êtes prêts ? À 3, je commence : 1, 2, 3 !

— Maintenant, je vais vous apprendre la chanson : « Dans ma maison sous terre, omawé omawé, tao tao ouistiti, tao tao ouistiti, 1, 2, 3. » Nous allons chanter la chanson et, en même temps, nous taper dans les mains comme nous l'avons appris. À la fin de la chanson (le 1, 2, 3), le dernier qui se fait toucher la main est éliminé. Mais si la dernière personne enlève sa main avant de se

la faire taper, c'est celui qui a tapé dans le vide qui est éliminé. On y va ! À 3, je commence : « Dans ma maison sous terre… » Émile, tu es éliminé ! Tu aurais dû enlever ta main !
Lou, à 3, tu commences.
Et ainsi de suite jusqu'au dernier.

BON À SAVOIR
Ce jeu demande toujours des ajustements : certains enfants savent y jouer, d'autres pas. Ils adorent l'apprendre et y jouer. Répétez l'exercice jusqu'à ce que ce soit à peu près fluide. Les éliminés peuvent être regroupés au centre de la ronde et chanter avec les autres.

ET AUSSI…
Vous pouvez maintenant faire un jeu en musique : « Le cadeau musical » (voir p. 104).

JEU 3

LE MOT INTERDIT

10 MIN

— Faisons de nouveau une ronde et asseyons-nous en tailleur. 1, 2, 3, tout le monde par terre ! Nous allons jouer au « mot interdit ».
— Ooooohhh !
— Je vous explique. Je vais désigner un détective qui va aller se cacher dans la pièce d'à côté. Pendant ce temps, nous allons définir un mot interdit. Après avoir choisi le mot, nous rappellerons le détective, qui devra découvrir ce mot. Nous devrons essayer de le lui faire prononcer, sans le prononcer, en lui posant toutes sortes de questions. S'il le prononce sans avoir deviné qu'il s'agissait du mot interdit, il a perdu, et un autre détective sort de la ronde. S'il trouve le mot interdit en nous demandant : « Est-ce que le mot interdit est… ? », il gagne et peut désigner le nouveau détective.
Vous avez compris ?
— Ouiiiii !
— Alors, pour ce premier tour, j'aimerais qu'Émile sorte : « Détective dehors, détective dehors ! »
— Si nous choisissions le mot « glace » ? Appelons le détective : « Détective, détective ! »
— Émile, nous allons te poser des questions les uns après les autres. Concentre-toi bien…

JEU 4
L'OBJET MANQUANT

10 MIN - UN SAC CONTENANT DIX OBJETS

— Faisons une ronde et asseyons-nous en tailleur. J'ai dans ce sac dix objets. Je vous les montre. J'aimerais que vous les mémorisiez. Je vais faire sortir de la ronde un détective qui ira se cacher dans la pièce d'à côté. Pendant ce temps, nous allons enlever et cacher trois des dix objets. En revenant, le détective devra deviner quels sont les objets qui ont été dissimulés. Émile, tu es notre premier détective.

— Détective dehors, détective dehors !

— On enlève le policier Playmobil, le cheval Papo et le lapin des Petits Malins, vous êtes d'accord ?

— Ouiiiii !

— Il ne faut rien dire, c'est compris ? Appelons le détective.

— Détective, détective, détective !!!

— Émile, viens au centre de la ronde et reste debout. Il faut que tu te souviennes des objets présentés avant ton départ. Nous en avons enlevé trois, essaie de te souvenir de l'un d'entre eux au moins…

BON À SAVOIR

Vous pouvez piéger le détective en enlevant un objet et en le remplaçant par un autre qui ne vient pas du pochon.

ET AUSSI…

Nous allons maintenant constituer des équipes (voir p. 114), puis jouer au « Béret musical » (voir p. 115).

JEU 5
PIERRE-FEUILLE-CISEAUX

10 MIN

— Ne bougez pas. Nous allons faire un dernier jeu d'équipe : « pierre-feuille-ciseaux » ! Je vous montre trois positions. Le poing, c'est un caillou (une pierre) ; la main tendue, c'est une feuille de papier ; l'index et le majeur en forme de V, ce sont des ciseaux. La feuille l'emporte sur le caillou, car elle le recouvre. Le caillou l'emporte sur les ciseaux, car il les casse. Les ciseaux l'emportent sur la feuille, car ils la coupent. Vous avez compris ?

— Ouiiiii !

— Asseyez-vous les uns en face des autres. Mettez vos mains derrière le dos. Je compte jusqu'à 3 et vous comptez avec moi. À 3, sortez votre main soit tendue, soit en poing, soit en V. Le plus fort marque 1 point. Quand les deux éléments sont similaires, il n'y

a pas de point. La première équipe à totaliser 10 points **(à définir en fonction du nombre d'enfants)** gagne. Vous êtes prêts ?
— Ouiiiii !
— C'est parti. Comptez avec moi. 1, 2, 3 ! Je vais vous départager ! On recommence, 1, 2, 3 !

BON À SAVOIR
Les enfants sont par équipe en deux files, face à face. Si vous avez fait un autre jeu juste avant et que vous n'avez pas d'équipe, vous pouvez appeler les enfants deux par deux et qu'ils jouent devant leurs copains...

ET AUSSI...
Il est l'heure de faire goûter les enfants (voir p. 90).

JEU 6

FAIS COMME CECI, FAIS COMME CELA

10 MIN

— J'aimerais que vous vous asseyiez tous par terre en tailleur, en face de moi. Je vais vous donner une série d'ordres en vous disant : « Fais comme ceci, fais comme cela » et en vous les montrant. Si je vous dis : « Fais comme ceci », vous devez m'imiter, mais si je vous dis : « Fais comme cela », vous devez rester immobiles ! C'est compris ?
— Ouiiiiii !
— Très bien. Je suis le premier meneur. Évidemment, si vous vous trompez trop souvent, je vous élimine ! Celui qui reste devient meneur de jeu.

BON À SAVOIR
Faites-leur faire des gestes très simples, comme regarder d'un côté puis de l'autre, se taper sur les fesses, tendre le doigt vers la droite puis vers la gauche, taper dans les mains, renifler, se mettre à quatre pattes.

ET AUSSI...
Il faut, bien sûr, enchaîner les actions très vite pour induire les joueurs en erreur. Mais ne soyez pas trop dur : vous pouvez leur laisser plusieurs chances avant de les éliminer.

JEU 7

CHOUCHOU BIEN ASSIS

10 MIN - UN FOULARD

— Faisons une ronde et asseyons-nous en tailleur. 1, 2, 3, tout le monde par terre ! J'ai dans ma main un foulard qui va me servir à bander les yeux d'un détective. Le détective aux yeux bandés s'installera au centre de la ronde. Nous aurons dix secondes pour tous nous mélanger et reformer une ronde assis. Je donnerai le top départ pour qu'il s'asseye sur les genoux d'un de ses copains. Une fois assis, il dira : « Chouchou est bien assis ? » Question à laquelle le copain répondra : « Oui, Chouchou est bien assis. » Il faut que le détective découvre sur qui il est assis grâce au son de la voix. C'est pourquoi le copain qui sert de chaise a le droit voire le devoir de changer sa voix ! Le détective a trois tentatives pour découvrir sur qui il est assis. C'est compris ?

— Ouiiiiii !

— Alors, pour ce premier tour, j'aimerais qu'Émile soit notre détective. Émile, viens au centre de la ronde. Je vais te bander les yeux...

BON À SAVOIR

À chaque nouveau tour, comptez jusqu'à 10 pour que tout le monde se mélange et se remette en place ! Il vous faudra également aider le détective à aller s'asseoir.

ET AUSSI...

Ce jeu est super, les enfants de 6 ans l'adorent et ils adorent transformer leur voix. Ils se connaissent très bien et sont donc parfaitement capables de se reconnaître malgré les transformations. Après ce jeu, vous pouvez proposer aux enfants de danser en jouant aux « Statues musicales » (voir p. 92).

JEU 8

UNE SÉRIE DE JEUX D'ADRESSE

15 MIN - DEUX BALLONS - DEUX ORANGES - DEUX BONBONS
AUTANT DE CUILLÈRES QUE D'ENFANTS

— Nous allons maintenant faire des jeux d'adresse en équipe. Mettez-vous en file indienne derrière votre chef d'équipe, en face de moi. J'ai deux ballons. Je vais en donner un à chaque chef. Vous devez vous donner ce ballon en le passant entre vos jambes le plus vite possible. Le premier ballon qui fait un aller-retour gagne la partie.
— Bravo ! Maintenant, vous allez faire la même chose en vous donnant le ballon par-dessus vos têtes.
— Bravo ! Maintenant, donnez-moi les ballons. Écartez bien les jambes. Le dernier de chaque file va passer sous les jambes de ses copains. Lorsqu'il est arrivé en début de file, le nouveau dernier doit passer sous les jambes à son tour, et ainsi de suite jusqu'à ce que le chef d'équipe soit de nouveau le premier. C'est parti !
— Bravo ! Asseyez-vous en équipe, les uns en face des autres. Je vais donner une orange à chaque chef d'équipe. Il va la coincer dans son cou et la faire passer à son voisin, qui doit l'attraper avec son cou, sans la faire tomber ! On fait un aller-retour, le premier chef d'équipe qui récupère son orange a gagné. **(L'orange tombe constamment !)**

— Ne bougez pas, je vais vous donner une cuillère chacun. Je vais mettre un bonbon dans la cuillère de vos chefs d'équipe. Vous allez faire passer ce bonbon de cuillère en cuillère sans le faire tomber ! On fait un aller-retour, le premier chef d'équipe qui récupère son bonbon a gagné.

JEU 9

MA PREMIÈRE CHASSE AU TRÉSOR

15 MIN - DES INDICES - UN TRÉSOR

— Vous vous êtes comportés comme de vrais héros. Vous êtes donc prêts pour la chasse au trésor ! J'ai caché des indices qu'il faut que vous trouviez. Chaque indice mène à un autre indice qui mène au trésor. Pour vous aider, je vous dirai : « C'est chaud » lorsque vous vous approcherez de l'indice, « C'est froid » lorsque vous vous en éloignerez et « C'est tiède » quand vous serez dans la bonne direction... Vous êtes prêts ?

— Ouiiiiiii !

— Je vais vous lire le premier indice : « Le précieux indice est caché là où tu ne dors pas, où tu ne manges pas mais où tu joues parfois. » Avez-vous compris ?

BON À SAVOIR

Le plus simple est de préparer trois ou quatre indices, que vous cacherez avant l'arrivée des copains : un indice sous le canapé, un autre dans le lave-linge, un sous une couette... À vous d'explorer les recoins de votre maison ! Donnez des indices assez vagues (par exemple : « L'indice est dans le salon ») ou formulez-les comme une devinette. Si l'un des enfants sait lire, il peut lire l'indice pour les autres.

ET AUSSI...

L'idéal est de constituer le trésor avec les petits cadeaux ou les sachets de bonbons destinés aux invités. Notez le prénom des enfants sur les pochettes qui leur sont destinées. Pour finir, un dernier jeu avant « L'ouverture des cadeaux » (voir p. 94) : « La danse brésilienne » (voir p. 93).

LES JEUX POUR L'ANNIVERSAIRE DE MES 7 ANS

JEU 1

QUAND LES MAINS S'EMPILENT

MOINS DE 10 MIN

— Faisons une toute petite ronde et asseyons-nous en nous serrant les uns contre les autres. Savez-vous ce qu'il se passe quand les mains s'empilent ?

— Nonnn !

— Une belle pagaille ! Le but est d'empiler les mains les unes sur les autres le plus vite possible. Je vais poser ma main droite par terre. Mon voisin de droite va poser sa main droite sur la mienne, son voisin va poser sa main droite sur la sienne…
Quand toutes les mains droites seront posées, je recommence avec ma main gauche, et ainsi de suite. Lorsque toutes les mains seront empilées, je retirerai ma main droite à la base du tas et je la poserai au-dessus. Mon voisin fera la même chose, et ainsi de suite.
Et tout cela le plus vite possible !
Vous êtes prêts ?

— Ouiiii !

— Alors, c'est parti.

BON À SAVOIR

Les nouveaux arrivants peuvent facilement s'intégrer au jeu. C'est une des raisons pour laquelle il est très pratique de commencer la fête par ce jeu. Lorsque la pile s'effondre, il n'y a plus qu'à recommencer !

ET AUSSI…

La seule difficulté de ce jeu est de garder le calme et d'éviter les bousculades…

JEU 2

UNE PETITE SÉANCE D'AÉROBIC

MOINS DE 10 MIN - DE LA MUSIQUE

— J'aimerais vérifier que vous êtes vraiment en forme. Je vais mettre un peu de musique et je vais vous demander de faire les mêmes mouvements que moi. Vous êtes prêts?

— Ouiiii!

— C'est un peu mou. Est-ce que vous êtes prêts?

— Ouiiiiiiiii!

— Alors, appelons la musique: « La musique, la musique, la musique! »

— Maintenant, vous pouvez vous allonger par terre. Et faire la sieste!

(Laissez-les souffler une minute et profitez-en pour reprendre votre souffle!)

BON À SAVOIR

Tout en sautillant, faites des mouvements assez simples et assez rapides, comme lors d'une séance d'aérobic: dire au revoir, conduire une voiture, faire des rouleaux avec les bras, se taper sur les jambes, sur les épaules, sur la tête, sur les fesses, sur le ventre, sur le sol avec les mains ou avec les pieds, taper dans les mains, claquer les doigts, sauter, tourner sur vous-même, faire l'avion, lever les bras, lever une jambe puis l'autre, avancer, reculer... Et éteignez la musique.

JEU 3

HISTOIRE MÉMORABLE

MOINS DE 10 MIN

— Faisons une ronde et asseyons-nous en tailleur. Nous allons raconter une histoire. Chacun d'entre vous va dire deux ou trois mots que les autres devront retenir. Ces mots mis bout à bout devront constituer une phrase. Je vous donne un exemple. Hugo dit: « Je vais », Louison dit: « Je vais au parc », Jules dit: « Je vais au parc pour faire », Margaux dit: « Je vais au parc pour faire un château. » Est-ce que vous avez compris?

— Ouiiii!

— Vous êtes prêts? Je commence: « La maison... » Hugo, c'est à toi.

— « La maison est tordue... »

— ...

BON À SAVOIR

Continuez l'histoire tant que les enfants ne se trompent pas. Lorsqu'ils se trompent, recommencez une autre histoire. Faites alors commencer l'enfant placé après celui qui s'est trompé. Vous pouvez faire plusieurs tours.

ET AUSSI...

Vous pouvez ensuite enchaîner sur un « Cadeau musical » (voir p. 104).

JEU 4

EN BON ORDRE !

10 MIN - DES FEUILLES DE PAPIER

— J'aimerais que nous refassions notre ronde. Je vais disposer devant vous des feuilles de papier journal (ou une serviette en papier, ou une feuille blanche). J'aimerais que chacun d'entre vous se tienne debout sur la feuille qui lui est destinée. Je vais vous donner une indication et il va falloir vous mettre en bon ordre à partir de cette indication. Vous ne pourrez vous déplacer qu'en marchant sur les feuilles et vous ne pourrez vous parler qu'à voix basse. Vous êtes prêts ?

— Ouiiii !

— J'aimerais que vous vous installiez du plus grand au plus petit. Le point de départ, donc le plus grand, est Hugo. Attention, ne vous déplacez que sur les feuilles et chuchotez pour vous donner les informations nécessaires. C'est parti...

BON À SAVOIR

Voici quelques exemples d'indication : l'âge, l'initiale du prénom, le nombre de frères et sœurs, le nombre de lettres dans le prénom, la longueur des cheveux, le nombre de dents de laits tombées...

ET AUSSI...

Il est temps désormais de constituer les équipes (voir p. 114) et de faire « Une série de jeux d'adresse » (voir p. 117).

JEU 5

PAUVRE PETIT CHAT MALADE

10 MIN

— Faisons une ronde et asseyons-nous en tailleur. Je vais désigner un joueur qui sera « le pauvre petit chat malade ». Une fois désigné, il devra aller s'installer au centre de la ronde à quatre pattes.

— Oooohhhh.

— Il devra ensuite choisir un copain à qui il devra se frotter en miaulant et en faisant des grimaces. Le copain choisi par le chat devra caresser trois fois le chat en lui disant à chaque fois : « Pauvre petit chat malade », sans rire ni sourire. Le but du chat est de faire rire son copain. Le copain choisi par le chat ne doit pas rire. S'il rit, il perd et devient chat à son tour. S'il tient bon et reste de marbre, le chat doit se trouver un nouveau copain. C'est compris ?

— Ouiiii !

— Ceux à qui ne sont pas destinés les miaulements ont, eux, le droit de rire !!!

— Qui souhaite être le premier chat ?

BON À SAVOIR

Si personne ne souhaite commencer, vous pouvez désigner un enfant ou vous autodésigner comme premier chat. Après ce jeu, il est temps d'aller goûter (voir p. 90) !

JEU 6

PICTIONARY

10 À 15 MIN - DES FEUILLES DE PAPIER
UN CRAYON - DU SCOTCH

— J'aimerais que les deux équipes se reconstituent. À 3, l'équipe des champions se regroupe à ma droite et l'équipe des vainqueurs se regroupe à ma gauche. 1, 2, 3 ! Asseyez-vous par terre en tailleur, en me regardant.
J'ai à côté de moi un tas de feuilles, un crayon et du scotch. Je vais scotcher une feuille sur le mur.
L'un d'entre vous viendra à côté de moi et je lui chuchoterai à l'oreille un nom d'objet, de personnage ou d'animal.
Il va le dessiner et vous allez essayer de deviner ce que c'est.
Celui qui trouve remporte 1 point pour son équipe. C'est très simple, vous êtes prêts ?
— Ouiiiii !
— Louison, viens à côté de moi. Tu vas dessiner **(en chuchotant)** : un crabe.

BON À SAVOIR
Voici une liste des choses que vous pouvez leur demander de dessiner : une princesse, un roi, une fée, un dragon, une sorcière, une souris, un éléphant, une chaise, une lampe, un bébé, un chevalier, un château fort, un tipi, un Indien… Faites alterner un enfant de chaque équipe.

JEU 7

UNE SÉRIE DE RELAIS

10 À 15 MIN - DEUX LIVRES - DEUX CUILLÈRES...

— Nous allons faire une série de relais. Mettez-vous en file indienne derrière votre chef d'équipe, en face de moi. Vous allez vous coller au mur. Je vais me coller au mur opposé. Je donne une consigne. Les chefs d'équipe partent, me touchent la main, repartent et touchent la main de leurs coéquipiers. Les coéquipiers suivants peuvent alors partir. L'équipe gagne lorsque son chef d'équipe est de nouveau en première position. N'oubliez pas de vous encourager !

— Pour le premier relais, j'aimerais que vous fassiez un aller-retour à cloche-pied !

— Pour le deuxième relais, j'aimerais que vous fassiez un aller-retour avec un livre sur la tête, sans le toucher ni le faire tomber !

— Pour le troisième relais, j'aimerais que vous fassiez un aller-retour en marchant accroupi !

— Pour le quatrième relais, j'aimerais que vous fassiez un aller-retour avec une cuillère dans la bouche et une pomme de terre dans la cuillère, sans la tenir avec la main ni la faire tomber !

ET AUSSI...

Vous pouvez proposer aux enfants de jouer aux « Statues musicales » (voir p. 92).

JEU 8

PIGEON VOLE

10 MIN

— J'aimerais que vous vous asseyiez par terre en tailleur, en face de moi.
Je vais vous apprendre à jouer à « pigeon vole ». Je vais lever l'index (montrez le geste aux enfants) et prononcer un mot associé au verbe « vole ». Par exemple, je lève mon index et je dis : « Toucan vole », « Aigle vole », « Canari vole »…
Si le sujet énoncé vole effectivement, vous devez vous aussi lever l'index.
S'il ne vole pas, vous ne devez pas bouger. Si vous levez l'index alors que je viens de dire : « Cochon vole », vous serez éliminés ! Le gagnant est le dernier joueur restant, il me remplacera.
C'est compris ?
— Ouiiii !

BON À SAVOIR
Il faut, bien sûr, énoncer très vite les sujets pour induire en erreur les joueurs. Mais ne soyez pas trop dur : vous pouvez leur laisser plusieurs chances avant de les éliminer.

ET AUSSI…
Vous pouvez maintenant faire un dernier jeu avant la chasse au trésor : « La danse brésilienne » (voir p. 93).

JEU 9

LA CHASSE AU TRÉSOR

15 MIN - UNE FEUILLE DE PAPIER - UN CRAYON
DES INDICES - UN TRÉSOR

— Êtes-vous prêts pour la chasse au trésor? Je vais vous donner le premier indice.

— Ooooohhhhh!

— Il n'y a que des chiffres. Pour les décoder, il faut utiliser le «code cassis». Que peut signifier ce code? Qu'est-ce qu'un cassis? C'est un fruit. Quelqu'un en a-t-il déjà mangé? Et s'il s'agissait du code K6? Et si la lettre K était égale au nombre 6? Alors, chaque lettre correspondrait à un nombre…

— Ooooohhhhh!

— Est-ce que nous essayons ça? Écrivez sur cette feuille toutes les lettres de l'alphabet. Puis inscrivez en face du K le nombre 6. Les lettres suivantes correspondent aux nombres suivants… Lorsque vous aurez déchiffré le premier indice, je vous indiquerai la route à suivre! Pour vous aider, je vous dirai: « C'est chaud » lorsque vous vous approcherez de l'indice, « C'est froid » lorsque vous vous en éloignerez et « C'est tiède » quand vous serez dans la bonne direction. Vous êtes prêts???

— Ouiiiiii!

— Le premier indice est…

BON À SAVOIR

À 7 ans, certains enfants savent lire. La chasse au trésor avec un code est donc possible! Le code est cassis, ou K6, la lettre K correspond au nombre 6 (A = 22, B = 23, C = 24… J = 31, K = 6, L = 7). Le plus simple est de préparer trois ou quatre indices que vous cacherez avant l'arrivée des copains: un indice sous le canapé, un autre dans le lave-linge, un sous une couette… Donnez des indices très vagues et très courts, comme « dans le salon » (écrits bien sûr en code K6)! Pour plus de conseils sur le déroulement de la chasse au trésor, voir celle des 6 ans, p. 128.

ET AUSSI…

Vous pouvez maintenant ouvrir les cadeaux (voir p. 94). S'il vous reste un peu de temps, n'hésitez pas à récupérer votre petite troupe et à lui faire chanter « Mes chansons à moi ». (voir p. 91)

LES JEUX POUR L'ANNIVERSAIRE DE MES 8 ANS (ET PLUS...)

JEU 1

LE PORTRAIT DIALOGUÉ

10 MIN

— Faisons une ronde et asseyons-nous en tailleur. Je vais désigner deux d'entre vous qui vont sortir de la pièce : ils seront les « acteurs ». Ces deux acteurs vont choisir un personnage que tout le monde connaît. Une fois le choix fait, les acteurs reviendront au centre de la ronde et décriront ce personnage sans jamais prononcer son nom. Il vous faudra bien sûr deviner de qui ils parlent !
Celui qui trouve deviendra acteur et choisira son binôme. Vous êtes prêts ?

— Ouiiii !

— Alors, Margaux et Jules, voulez-vous être les premiers acteurs ? Allez vite dans la pièce d'à côté, choisissez la personne dont vous voulez faire le portrait. Vous pouvez choisir une copine, un copain, une maîtresse, un personnage de dessin animé… Ce que vous voulez, mais il faut qu'une grande majorité connaisse ce personnage. Vous avez 1 minute…

— Lorsqu'ils reviendront, il faudra bien écouter leur description et ne les interrompre que pour leur proposer un nom !!! Jules et Margaux, vous êtes prêts ? Installez-vous au centre de la ronde. Nous vous écoutons. Vous pouvez nous raconter une histoire si vous le souhaitez…

ET AUSSI…

Après ce jeu, rien de tel qu'« Une petite séance d'aérobic » pour se mettre dans l'ambiance (voir p. 131).

JEU 2

QUI SUIS-JE ?

10 À 15 MIN

— Faisons une ronde et asseyons-nous en tailleur. Vous allez devoir essayer de deviner qui je suis. Je pense à un personnage sans le dire à personne. Et vous devez essayer de deviner de qui il s'agit en me posant des questions dont les réponses ne peuvent être que oui ou non. Celui qui trouve me remplace. Vous êtes prêts ?

— Ouiiiii !

— Je suis prête. Allez-y.

— Est-ce que c'est une fille ? un personnage de dessin animé ? une chanteuse ? Est-ce qu'elle est gentille ? Est-ce qu'elle est belle ?…

BON À SAVOIR

Ce jeu marche dès 5 ans. Il marche aussi dès que vous ne savez plus comment retenir l'attention des enfants !

ET AUSSI…

À la fin de ce jeu, vous pouvez constituer les équipes (voir p. 114).

JEU 3

BLIND TEST

5 À 10 MIN - DE LA MUSIQUE

— Chacune des équipes va venir à côté de moi. Je vais mettre de la musique. La première équipe qui trouve le nom de la chanson ou son interprète remporte 1 point. Je vais mettre une dizaine de chansons. Vous êtes prêts ?

— Ouiiiii !

— C'est parti !

BON À SAVOIR

Utilisez la playlist dont vous disposez depuis le début de la fête.

JEU 4
LE TEMPS DES DÉFIS

10 À 15 MIN

— Je vais vous faire relever quelques défis. L'équipe la plus convaincante gagne. Vous êtes prêts ?

— Ouiiiiiii !

— Combien y a-t-il de planètes dans le système solaire ? **(Huit.)** Pouvez-vous me donner quatre noms de planètes ? **(Mercure, Vénus, Mars, Jupiter, Uranus, Neptune, Saturne, la Terre.)** Qu'est-ce qu'une étoile ? **(Une énorme boule de gaz.)** On continue ?

— Ouiiii !

— Comment s'appellent les bébés du chameau **(le chamelon)**, du kangourou **(le joey)**, de la grenouille **(le têtard)**, du rat **(le raton)** ? On continue ?

— Ouiiii !

— Qui sont les méchants de Harry Potter ? Quelle équipe est championne de France de foot ? De quel pays Londres est-elle la capitale ?… Vous voulez d'autres défis ?

— Ouiiiiii !

— J'aimerais qu'une personne de chaque équipe se lève. Margaux et Jules ? Comptez jusqu'à 10 en vous tenant sur un pied. Bravo ! Raoul et Louison, j'aimerais que vous imitiez le cri d'une baleine ! Très bien. Hugo et Anouch, j'aimerais voir la pire grimace que vous puissiez faire. Igor et Noémie, pouvez-vous me faire un grand écart ? Bravo tout le monde !!

BON À SAVOIR

Vous pouvez leur faire faire le pont, une roue, tenir 10 secondes en poirier, les pieds contre un mur, retenir leur souffle le plus longtemps possible, chanter *La Marseillaise* le plus vite possible…

JEU 5

UNE SUPER CHORÉGRAPHIE

20 MIN - DE LA MUSIQUE

— Vous allez maintenant relever un nouveau défi. Je vais m'occuper de l'équipe de Margaux, et Salomé (la personne qui vous assiste) va s'occuper de l'équipe de Jules. Chaque équipe choisit une chanson et, en l'espace d'une dizaine de minutes, tente de préparer une chorégraphie. Savez-vous ce qu'est une chorégraphie ?

— Nonnnnn ! Ouiiiiiii !

— Ça veut dire que vous allez mémoriser des mouvements de danse de manière à les faire tous ensemble et en même temps. Vous allez voir, c'est très simple. C'est parti ?

— Ouiiiiiii !

— L'équipe de Margaux est prête ! J'aimerais que l'équipe de Jules s'asseye et applaudisse l'équipe de Margaux. On appelle la musique : « La musique, la musique, la musique ! »

— Bravooooooooo !!

— Maintenant, c'est à l'équipe de Jules ! On les applaudit !

— Bravooooooooo !!

BON À SAVOIR

Faites-leur faire des mouvements très simples. Si ça ne dure pas toute la chanson, ce n'est bien sûr pas grave. Lorsqu'ils danseront devant leurs copains, mettez-vous en face d'eux et dansez avec eux de manière à ce qu'ils vous imitent.

ET AUSSI...

Après la chorégraphie, les enfants seront ravis d'aller goûter (voir p. 90).

JEU 6

UNE SÉRIE DE RELAIS

10 À 15 MIN

— Nous allons faire une série de relais. Mettez-vous en file indienne derrière votre chef d'équipe, en face de moi. Vous allez vous coller au mur. Je vais me coller au mur opposé. Je donne une consigne. Les chefs d'équipe partent, me touchent la main, repartent et touchent la main de leurs coéquipiers. Les coéquipiers suivants peuvent alors partir. L'équipe gagne lorsque son chef d'équipe est de nouveau en première position.

— Le premier relais est un relais de binôme. Il s'agit de la brouette. À l'aller, Jules tient Louison et Margaux tient Hugo, au retour on inverse. Que chaque binôme se tienne prêt ! Attention, c'est parti !!!!

— Pour le deuxième relais, j'aimerais que vous fassiez un aller-retour en courant en marche arrière !

— Pour le troisième relais, j'aimerais que vous fassiez un aller-retour de nouveau en binôme. Cette fois, je vous demande de vous attacher l'un à l'autre : bras dessus bras dessous et jambes collées **(vous pouvez leur demander de s'attacher les pieds avec un foulard qu'ils transmettent au moment du relais : ce sera une difficulté supplémentaire).**

— Pour le quatrième relais, vous allez devoir souffler sur ce L en papier pour le faire avancer, sans le toucher, bien sûr.

BON À SAVOIR

Après les relais, demandez aux enfants de se regrouper à côté de vous et de s'asseoir pour chanter des chansons. Les grands de 8 ans seront ravis (ou pas) de se donner en spectacle.

JEU 7

LES AMBASSADEURS

10 MIN

— J'aimerais que les deux équipes se reforment et que chaque équipe s'installe d'un côté de la pièce, en ligne, en me faisant face. Les chefs d'équipe vont venir me voir au centre de la pièce. Ils seront les premiers ambassadeurs du jeu. Je vais leur chuchoter une situation, un métier ou un personnage. Ils vont se présenter devant leur équipe respective et mimer le mot chuchoté. Celui qui pense avoir trouvé doit le dire tout doucement pour que l'équipe adverse ne l'entende pas. Lorsque le mot a été trouvé, celui qui l'a trouvé doit vite venir me voir pour que je lui donne un nouveau mot ou une nouvelle situation à mimer. La première équipe qui finit la liste des mimes gagne. Vous êtes 16, il y a donc 8 mimes pour 8 ambassadeurs. Vous êtes prêts ?

— Ouiiiiiiiiiiii !

— Jules et Louison **(en chuchotant)**, vous allez mimer l'histoire de Peter Pan. C'est parti !

BON À SAVOIR

Voici tout d'abord des idées de métiers : un jongleur, un docteur, une maîtresse, un policier, un pompier, une danseuse…
Voici ensuite des idées de personnages : un Indien, un cow-boy, Blanche-Neige, la Belle au bois dormant, Peter Pan, Spiderman…

ET AUSSI…

Et si vous les faisiez danser de nouveau ? Des « Statues musicales » de 8 ans, c'est toujours parfait (voir p. 92) !

JEU 8

LA CHASSE AU TRÉSOR

15 MIN

— Êtes-vous prêts pour la chasse au trésor ? Je vais vous donner le premier indice.

— Ooooohhh !

— Il n'y a que des lettres. Pour les décoder, il faut utiliser le « code avocat ». Que peut signifier ce code ? Qu'est-ce qu'un avocat ? C'est un fruit. Quelqu'un en a-t-il déjà mangé ? Et s'il s'agissait du code « A vaut K » ? Et si la lettre A était égale à la lettre K ? Alors, chaque lettre correspondrait à une autre lettre.

— Ooooohhh !

— Est-ce que nous essayons ça ? Écrivez sur cette feuille toutes les lettres de l'alphabet. Puis inscrivez en face du A la lettre K. Les lettres suivantes correspondent aux lettres qui suivent, jusqu'à la fin de l'alphabet.
Lorsque vous aurez déchiffré le premier indice, je vous indiquerai la route à suivre. Pour vous aider, je vous dirai : « C'est chaud » lorsque vous vous approcherez de l'indice, « C'est froid » lorsque vous vous en éloignerez et « C'est tiède » quand vous serez dans la bonne direction. Vous êtes prêts ???

— Ouiiiiiii !

— Le premier indice est…

BON À SAVOIR

Le code est « avocat », ou « A vaut K », la lettre A correspond à la lettre K (A = K, B = L, C = M, D = N…). Le plus simple est de préparer trois ou quatre indices, que vous cacherez avant l'arrivée des copains : un indice sous le canapé, un autre dans le lave-linge, un autre sous une couette… Donnez des indices très vagues et très courts, comme « dans le salon » (écrit, bien sûr, en code « A vaut K ») ! Pour d'autres conseils sur la chasse au trésor, voir p. 136.

ET AUSSI…

Une dernière danse avant « L'ouverture des cadeaux » (voir p. 94) : c'est l'heure de « La danse brésilienne » (p. 93) !

C'EST NORMAL SI...

SI VOTRE ENFANT...

- Si votre enfant refuse de jouer.
- S'il pleure parce que ce n'est pas lui le premier.
- S'il fait des blocages.
- S'il trouve tout nul ou tout super.
- S'il ne veut pas participer ou s'il veut faire tous les jeux.
- Et si votre enfant ne correspond à aucune de ces descriptions, ça veut dire qu'il est tout à fait normal !

SI LES ENFANTS INVITÉS...

- Si certains enfants ne veulent jouer à aucun jeu.
- Si certains enfants pleurent lorsqu'ils perdent.
- S'ils veulent faire un pogo, sauter de la table basse au canapé en passant par la fenêtre...

ET SI VOUS...

- Si vous avez envie de pleurer ou de les taper, même si c'est interdit par la loi.
- Si vous avez envie que ça s'arrête.
- Si vous vous dites que l'on ne vous y prendra plus.
- Si vous vous dites que c'est trop court.

DANS MES RÊVES...

J – 4 semaines
• J'ai arrêté une date et commandé les cartons d'invitation. Ils sont superbes. Mon Félix va être aux anges.

J – 3 semaines
• Félix et moi avons défini une liste. Il a 6 ans, ils seront 6 ! Félix est très raisonnable. Il est extra ! Il a écrit tous les noms de ses petits copains sur les enveloppes. Demain, il fera la distribution des précieux cartons à l'école.

J – 3 semaines toujours
• Nous avons décidé d'un thème, cette année : nous ferons une fête de super héros. Il reste à trouver le matériel adéquat pour la table, la déco, les ateliers et les cadeaux. Je fais une to-do-liste.

J – 2 semaines
• Tous les parents m'ont répondu, ils ont tous précédé la date fatidique du RSVP. Je suis une star !

J – 2 semaines
• Je commence à recevoir le matériel nécessaire aux précieux et mémorables 6 ans de mon poussin. Ça va être super ! Nous sommes au comble de l'excitation. Encore 1 semaine !!!!

J – 1 semaine
• J'ai commandé le super gâteau avec le S de SUPER. Félix va être tellement heureux. Le compte à rebours a commencé : tous les soirs, une mission.

J – 6
• Je confectionne une superbe cape avec ma machine à coudre que je ne sors que pour les grandes occasions.

J – 5
• Je réalise la ville de New York avec les chutes de carton que j'avais préalablement gardées, car je suis très bien organisée.

J – 4
• Je réalise une playlist que les enfants vont adorer.

J – 3

• Je fais une recherche sur Internet pour déterminer les jeux que nous allons faire. Je trouve une quantité d'idées. Je priorise, je liste, je choisis.

J – 2

• Je fais les courses, j'achète quelques bonbons, beaucoup de fruits, des jus. Car les enfants ne partiront pas de l'anniversaire de mon Félix bourrés comme des oies.

J – 1

• Je réalise une cape pour moi, une cape de Super maman, histoire de bien camper le thème. J'installe ma déco. Je suis prête.

LE JOUR J

9 h

• Félix se lève, détendu. Il est émerveillé par la déco que j'ai installée la veille. Petit déjeuner.

10 h

• Nous dressons la table. C'est beau.

11 h

• Nous peaufinons le décor.

12 h

Nous déjeunons.

13 h

• Temps calme. Histoire d'être en forme pour le goûter. Bien sûr, mon Félix est tellement super qu'il se plie à l'exercice sans broncher.

14 h

• Il est temps de se déguiser, de se maquiller, de répartir les bonbons et les fruits, de verser les jus dans les carafes.

14 h 45

• L'excitation est à son comble. Ils arrivent bientôt.

14 h 59
• Le premier invité arrive.
La fête peut commencer.

15 h 05
• Ma petite troupe est réunie autour du super héros du jour. C'est parti pour un après-midi héroïque.

15 h 06
• Je me présente aux enfants, je leur explique comment va se dérouler la fête. Ils me regardent, médusés. Il y a 3 garçons et 3 filles. Ils sont silencieux, ils semblent impressionnés.

15 h 07
• Nous jouons à « Un, deux, trois, soleil ! » en faisant des grimaces.

15 h 10
• J'enchaîne avec « Dans ma maison sous terre ».

15 h 12
• Le « Cadeau musical ».

15 h 20
• Le « Mot interdit ».

15 h 25
• Je crois que je vais un peu vite. Il faut que je ralentisse la cadence. Sinon, dans 15 minutes, le goûter sera plié.

• On va faire traîner. Les enfants me regardent avec les yeux qui brillent. Je crois que je suis lumineuse.

15 h 35
Nous constituons les équipes.

15 h 45
• J'ai deux équipes, les « Champions » et les « Meilleurs ». Ça va être chaud.

15 h 46
• Le « Béret musical » peut commencer. Ils sont chauffés à bloc. Ils se congratulent les uns les autres. Ils sont très urbains !

16 h
• On fait une série de jeux d'équipe. Les enfants sont en transe et tellement sympas. C'est un moment de communion.

16 h 15
• Un dernier jeu avant le goûter. Je commence à les perdre. Ils ont soif. Ils ont chaud. Je crois qu'ils pourraient faire la sieste. Moi, je suis en pleine forme. LUMINEUSE !

16 h 30
• Un petit train et on s'installe autour de la table qui leur fait de l'œil depuis leur arrivée. Ils se ruent sur les fruits.

Ces enfants sont définitivement des anges. Même pas besoin de leur servir le discours sur les super héros qui rechargent leurs batteries.

17 h

• Un petit atelier de super héros. On customise des masques, on colorie New York, on fait des capes en crépon. On entendrait les mouches voler. Je m'inquiète un peu : peut-être qu'ils s'ennuient ? Non, ils sont juste concentrés…

17 h 30

• Mini-boum. Un peu de musique, on fait les « Statues musicales ».

17 h 45

• Le temps file. Les parents vont arriver. On ouvre les cadeaux. Chaque enfant apporte religieusement son cadeau à mon Félix ivre de bonheur.

18 h

• Les parents arrivent. Ils sont un peu inquiets et ont du mal à croire quand je leur dis que c'était super. Je me demande bien comment ça se passe chez eux.

18 h 05

• Je leur propose de boire une coupe de champagne pendant que les enfants filent jouer dans la chambre de Félix.

18 h 20

• Les parents sont aussi urbains que leurs enfants. Après une coupette, tout le monde est parti, des cadeaux plein les mains.

18 h 30

• Il est temps de ranger. Félix est rincé et heureux. Il me remercie mille fois. Il ne va pas tarder à aller se coucher…

J + 1

• J'emmène Félix à l'école. Les enfants m'appellent par mon prénom, ils me regardent comme si j'étais une princesse. Bref, je suis super !

DANS LA VRAIE VIE...

J – 15

• Je décide d'arrêter une date pour l'anniversaire de Félix. Je décide de lui en parler. De faire une liste. De trouver des cartons d'invitation.

J – 14

• Forte de mes décisions de la veille, je commande des cartons d'invitation.

J – 13

• Je prie pour que les cartons arrivent vite.

J – 12

• Je m'installe à côté de Félix et nous faisons une liste. Ils seront 15 : 15, c'est pas mal, on pourra faire des jeux d'équipe. Je ne sais pas d'où me vient cette idée, j'ai dû lire ça quelque part.

J – 11

• Les cartons d'invitation sont arrivés. Nous commençons à les remplir. Félix insiste pour les remplir lui-même. Ça va être long.

J – 10

• Deux soirées pour en venir à bout. Les cartons sont enfin prêts.

J – 9

• Je commence la distribution des cartons. La maîtresse m'explique qu'il va falloir que je me débrouille toute seule. Elle n'est plus autorisée à faire la distribution en classe. Trop de crises de jalousie... J'ai comme une montée d'angoisse. Je ne connais aucun des 15 enfants, sans parler des parents.

J – 8

• Il me reste 10 cartons à distribuer. Sur le chemin de l'école, Félix trouve le moyen d'inviter 3 copains supplémentaires. Ils seront 18. Au secours !

J – 7

• Nous sommes samedi. Je prends une grande inspiration. Je réfléchis. Je résume : 8 cartons distribués, 18 enfants invités, une météo pourrie, un appartement pas franchement gigantesque, un mari pas franchement disponible, aucune idée de ce que nous allons faire.

J – 7 toujours

Que dit Internet ? Ça part dans tous les sens, bien qu'ils soient tous d'accord sur ce point : distribuer les cartons 3 semaines avant, limiter le nombre d'invités à l'âge de l'enfant...
Il semblerait que j'ai un peu dérogé aux règles de base.

J – 6

• Je me reprends en main :

« – Félix, tu aimerais faire quoi pour ton anniv, mon poulet ?

« – Une fête de pirate avec une chasse au trésor !

« – Ouahhhhh, super !!! Faisons une fête de pirate. »

Je me suis peut-être un peu emballée. Pour une fête de pirate, il faut des pirates, des trésors, des idées bien ordonnées. Il semblerait que je n'ai que les pirates…

J – 5

• Je récupère les mails des parents d'élèves. J'envoie un mail groupé. Ils sont tous invités.

J – 4

• Je décide de faire une pause. Je rêve de navires, de têtes de mort, de trésors enfouis et d'abordage.

J – 3

• Je crois que ça me travaille plus que je le laisse entendre. Il faut que je me reprenne. Ce n'est qu'un anniversaire et il y en aura beaucoup d'autres…

J – 2

Les courses : des bonbons, des jus, des sodas, des bonbons et des bonbons. Je crois que j'ai tout. Je trouve des dessins de pirate, des cartes au trésor et tout un tas de trucs sur le net. J'imprime, ça pourra toujours servir.

J – 1

• Je prépare le gâteau de pirate. Je suis un peu sous-douée en cuisine et Félix ne mange pas grand-chose, donc on va faire simple. Je ressors ce que j'ai imprimé la veille. Grand moment de solitude. Il est 23 h.

LE JOUR J

7 h

• Félix est debout. En pleine forme. Ce n'est absolument pas le cas de tout le monde.

7 h 05

• Félix me demande quand ses copains vont arriver. La journée va être longue.

7 h 10

• Félix découvre son gâteau, il est aux anges. Premier pari réussi. Il décide de décorer l'appartement avec tous ses pirates. C'est parfait, je lui conseille de faire une île, une plage…

7 h 15

• Je dors.

9 h 30

• J'émerge. Le salon est métamorphosé en Fun Park Playmobil. Maintenant, il va falloir faire un peu de place pour les copains.

10 h 30
• Nous faisons de la place, gonflons quelques ballons pirates.
C'est moi qui ai eu cette idée de génie ?

11 h.
• Je cache le trésor de la chasse aux trésors.

11 h 30
• J'ai déjà oublié l'endroit où j'ai caché les trésors.

12 h
• J'improvise un buffet autour de mon gâteau. Je ne suis pas en mesure d'installer 18 enfants à table.

12 h 05
• Ils seront 17. Martin a une gastro.
Vive la collectivité !

12 h 07
• Ils seront 16. Justine est malade.

12 h 15
• Ils seront 15 : Raoul ne se sent pas très bien. J'exulte !

12 h 16
• Félix accuse le coup : c'est quand même dommage, sans Martin, ça ne sera pas pareil.

12 h 30
• Déjeuner. Félix ne tient plus en place. Encore 2 h 30. Je propose de passer le DVD de *Pirate des Caraïbes*.

13 h
• Je prépare 15 pochettes cadeaux.
Je n'ai pas de pochettes. J'improvise.
Des sacs de congélation feront l'affaire.

15 h
• Ils arrivent. Ils sont grands.
Ils prennent beaucoup de place.
On s'installe, je me présente. Je me sens investie. Nous allons faire une fête de pirate. Faire deux équipes de pirates.

15 h 05
• Quelques enfants me regardent de travers. Je ne me laisse pas décontenancer. Je suis l'adulte.
Je décide. Je sais ce que je fais.
Deux équipes, donc.

15 h 06
• Anaïs, Louison et Léon bâillent. Edgar s'excite. Oscar me coupe la parole pour apporter des précisions. Marcel est à deux doigts de déclarer la guerre à Félix, car ils ne sont pas d'accord sur la manière de prononcer Jack Sparrow…

15 h 08
• Il est temps de jouer. Pas besoin de les chauffer. Ils sont déjà bouillants.

15 h 30
• On arrête les jeux d'équipe. J'aimerais m'en sortir vivante. Félix n'est pas très bon perdant. Il est en pleurs. Il faut que je trouve un jeu fédérateur.

15 h 31
• J'improvise une mini-boum.
Je suis bonne en mini-boum !

15 h 45
• Ils sont assoiffés.

15 h 51
• Je demande discrètement à mon mari d'installer les bougies. J'ai un flash. J'ai oublié d'acheter des bougies.
15 h 52
• Je m'autoflagelle. Edgar a rejoint Marcel sur le canapé. Ils improvisent une boum. Version pogo.
15 h 53
• Je m'apitoie sur mon sort. Le nombre d'enfants sautant sur le canapé grandit aussi vite que ma panique.
15 h 54
• Mon mari décide de prendre les choses en main. Il m'envoie chez l'épicier chercher des bougies. Je suis soulagée.
16 h
• J'hésite à rentrer. Je rentre. Ils sont calmes. Ils écoutent religieusement mon mari. J'hallucine.
16 h 10
• Goûter. Je les installe par terre en leur disant d'imaginer qu'ils sont sur une plage, sur une île et que, comme les pirates, ils fêtent leur victoire… On s'y croirait !
16 h 30
• Chasse au trésor. Je leur raconte une histoire. Encore. Je fais traîner un max. La magie opère.
17 h
• Encore 1 heure…
17 h 01
• Je propose un pictionary de pirate. Je suis épuisée.
17 h 15
• Je leur propose de chanter des chansons. Réciter des poésies. Raconter une histoire…
17 h 30
• Edgar et Marcel continuent à tester mon canapé et ma patience. Félix boude. Il veut ouvrir ses cadeaux.
17 h 31
• Ouverture des cadeaux. C'est la guerre. Ils veulent tous être les premiers à offrir leur cadeau.
17 h 45
• Je rends les armes. Je les laisse accéder au Saint Graal : la chambre de Félix.
18 h
• Les parents arrivent. Je ne leur propose pas de boire un verre.
18 h 01
• Certains parents veulent des détails… J'ai l'impression qu'ils ne remarquent pas mon rictus.
18 h 30
• Notre appartement est retourné. Je suis épuisée. Je m'endors au milieu des confettis et des papiers cadeaux.

J + 2
• J'emmène Félix à l'école. Pourquoi les enfants me regardent-ils de travers ? Ils me sautent dessus. Ils me disent que c'était génial, que je suis trop sympa, qu'ils adoreraient revenir à la maison. J'exulte. Je suis trop forte !

LE CARNET D'ADRESSES

Des adresses principalement sur le net, car on y trouve désormais tout ce dont on peut avoir besoin, et quelques adresses parisiennes, car c'est là que nous nous fournissons pour les achats de dernière minute !

LES GÂTEAUX ET LES GOURMANDISES

• **Chez Bogato :** pour des gâteaux pas comme les autres, emprunts de magie et de poésie.
7, rue Liancourt, 75014 Paris
www.chezbogato.fr

• **Chloé.S :** les cupcakes de Chloé sont incontournables, tout simplement parce que ce sont les meilleurs ! À voir dans un univers girly et rétro de l'une de ses deux boutiques.
40, rue Jean-Baptiste Pigalle
ou 47, avenue Trudaine,
75009 Paris
www.cakechloes.com

• **Ladurée :** pour ses macarons, mais surtout pour ses religieuses colorées ! Un peu partout dans Paris, et dans le monde entier.
www.laduree.fr

• **Griottes :** filez faire un tour sur ce site pour ses recettes bonnes, belles et poétiques.
www.griottes.fr

• **Popelini :** il n'y a que des choux, mais quels choux !!! Il y en a pour tous les goûts et de toutes les couleurs. Bons et beaux pour ceux qui aiment la crème pâtissière.
29, rue Debelleyme, 75003 Paris
http://popelini.com

• **La Pâtisserie des rêves :** des gâteaux qui plairont aux parents et aux enfants. Tout est bon !
111, rue de Longchamp, 75016 Paris
www.lapatisseriedesreves.com

• **Käramell :** une boutique de bonbons pas comme les autres. Les bonbons y sont beaux et gros ! Il faut se déplacer pour les voir.
15, rue des Martyrs, 75009 Paris
www.karamell.fr

• **Café Noisette :** il ouvre ses portes à Montpellier en mars 2013. Pour déguster des pâtisseries et commander des gâteaux.
Plus d'infos sur le blog La Dînette :
www.ladinette.net

DU MATÉRIEL

• **La Droguerie :** ici, il y a de la laine, des boutons, des perles et tout un tas d'objets beaux et précieux.
9, rue du Jour, 75001 Paris
www.ladroguerie.com

• **Loisirs et création :** pour trouver du matériel de base, comme du papier crépon, du papier de soie coloré, du papier rigide…
www.loisirsetcreation.com

• **Etsy :** pour des fournitures en tout genre et en ligne, rien de mieux que ce site et son onglet « Fourniture ». Il ne faut pas y aller avec une idée arrêtée, mais avec l'idée que l'on peut tout y trouver !
http://fr.etsy.com

• **Pyrofolies :** il y a de l'hélium en petite, moyenne ou grosse quantité et des conseils en tout genre !
18, rue Notre-Dame-de-Lorette, 75009 Paris
www.pyrofolies.com

POUR D'AUTRES ATELIERS

• **Omy :** pour un atelier gommettes magiques et géantes ou un coloriage collectif. Vous serez étonné de voir dix enfants silencieux occupés à colorier…
www.omy.fr

• **Djeco :** parce qu'ils ont des ateliers pour tous les âges, pour les filles et les garçons, les amoureux de la couture et les tagueurs en herbe !
www.djeco.com

DES INTERVENANTS

• **By Little Ones :** Coralie Stoll imagine des ateliers que les enfants ne pourront jamais oublier ! Une petite idée sur **www.bylittleones.com**

• **Goûte-moi ça ! :** grâce à cet atelier culinaire unique et réfléchi, les enfants jouent et cuisinent tout à la fois.
http://goutemoica.com

• **Pinceaux de Tiphaine :** le temps d'un après-midi, les enfants appréhenderont leurs visages pour en faire un autoportrait. Un beau moment et une très belle approche de la peinture.
http://pinceauxtiphaine.canalblog.com

• **Felicity is my name :** propose aux artistes en herbe des anniversaires à l'allure arty, et il y en a pour tous les goûts !
http://felicityismyname.waibe.fr

• **Bon Enfant :** cet organisateur d'événements pour les enfants qui ont du style propose de faire la fête avec les petits Parisiens. Animations, ateliers, mini-boums, déco, Bon Enfant pense à tout, et plus encore.
http://bon-enfant.fr

• **Les maquillages d'Axelle :** Axelle Dersin est une maquilleuse de grand talent. Lorsqu'elle ne travaille pas pour le cinéma ou les studios photos, elle laisse libre cours à son imagination pour transformer les enfants.
http://axelledersin.com

• **Anaël le magicien :** il est plus qu'un magicien. Il transforme ses visions poétiques et cinématographiques en tours de magie pour le plus grand plaisir de son public !
www.anael-magicien.com

DES SITES DE DO IT YOURSELF (DIY) POUR ENFANTS

• **My Little Fabric :** imagine des créations poétiques aux tons pastel à la portée de tous.
www.mylittlefabric.com

• **Lait Fraise :** magazine en ligne truffé d'idées et de conseils. Ne ratez pas l'onglet « Home-made » de ce super site.
www.laitfraisemag.fr

• **Oh Happy Day :** la reine du DIY américain chic. À voir absolument.
http://ohhappyday.com

• **Ringo Ateliers :** un site avec des idées d'ateliers à réaliser avec et par les enfants. Toutes les idées sont poétiques, parce que bricolées comme on aime.
http://ringoatelier.com

• **Bloesem Kids :** une compilation d'idées, d'ambiances, de témoignages et des ateliers (cachés dans l'onglet « Crafts »).
http://bkids.typepad.com

DES SITES DE DO IT YOURSELF (DIY) POUR ADULTES

• **Make my Lemonade :** des quantités de jolies idées pour les jeunes et les moins jeunes.
http://makemylemonade.com

• **Honestly WTF :** un site destiné aux mamans, avec un onglet « DIY » truffé de bonnes idées pour se faire plaisir et faire plaisir aux filles, petites et grandes !
http://honestlywtf.com/category/diy

DANS CE LIVRE, VOUS TROUVEREZ DES…

DO IT YOURSELF

ATELIERS

RECETTES

JEUX

MERCI

Margaux, Raul, Jules et Louison
pour nous avoir inspirées.
Arthur et Jacques pour leur soutien.
Myriam pour nous avoir formées.
Marinette pour son travail.
Iris pour son talent. Jessica pour sa vision.
Sabine et Valérie pour leur patience.
Bertrand pour faire partie de l'aventure.
Lamali pour ses guirlandes.
Igor pour ses photos.

www.editionsduchene.com

Responsable éditoriale : Valérie Tognali
Assistante éditoriale : Françoise Mathay
Directrice artistique : Sabine Houplain assistée
de Claire Mieyeville et Audrey Lorel
Conception graphique et réalisation : Fouinzanardi.com
Lecture-correction : Valérie Mettais
Fabrication : Marion Lance
Partenariat et ventes directes : Claire Le Cocguen
clecocguen@hachette-livre.fr
Relations presse : Hélène Maurice
hmaurice@hachette-livre.fr

Photogravure : APS Chromostyle
Édité par Les Éditions du Chêne
(43 quai de Grenelle, 75905 Paris Cedex 15)
Achevé d'imprimer en avril 2013 par Estella Graficas en Espagne
Dépôt légal : avril 2013
ISBN 978-2-81230-788-1
32/3690/8-01